WERNER LUDWIG

UNTERWEGS

Herrn Günter Braun mit bestem
Dank für die gute Zusammen-
arbeit u. das ästhetisch gelungene
Buch
        Herzlichst

4.11.97   Werner Ludwig

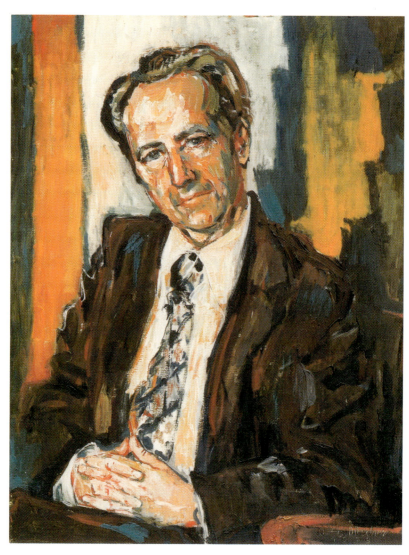

Portrait von Otto Ditscher, 1978

WERNER LUDWIG

UNTERWEGS
– Lebenserinnerungen –

PVA

Die Deutsche Bibliothek – CIP-Einheitsaufnahme
„Werner Ludwig, Unterwegs"
Werner Ludwig
1. Auflage – Landau/Pfalz:
Pfälzische Verlagsanstalt 1997
ISBN 3-87629-277-8

© Pfälzische Verlagsanstalt GmbH, Landau/Pfalz 1997
Gesamtherstellung: Pfälzische Verlagsanstalt GmbH, Landau/Pfalz
ISBN 3-87629-277-8

FÜR LUCIA

VORWORT

„WERNER LUDWIG – UNTERWEGS"

von Manfred Rommel

Werner Ludwig war 28 Jahre lang Oberbürgermeister der Stadt Ludwigshafen. So etwas hält man nur aus, wenn man wirklich gut ist. Und das trifft auf Werner Ludwig zu. Der Umstand, daß die Partei Werner Ludwigs, die SPD, während seiner gesamten Amtszeit die absolute Mehrheit gehabt hat, macht dem Oberbürgermeister das Leben nur scheinbar erträglicher. In Wirklichkeit ist es dann die eigene Partei, von der die Probleme kommen, wenn der Rathauschef nicht ein so sachkundiger, angesehener und taktisch geschickter Mann ist wie Werner Ludwig. Auch Helmut Kohl, prominentester Bürger von Ludwigshafen und früher Fraktionsvorsitzender der CDU im Ludwigshafener Stadtparlament, hat es dem Verfasser der Lebenserinnerungen weder leicht gemacht, Oberbürgermeister zu werden, noch, es zu sein. Aber in den großen Fragen, die für die Stadt Ludwigshafen wichtig waren, kam es dann doch zu Gemeinsamkeiten.

Der Name von Werner Ludwig war so sehr mit Ludwigshafen verbunden, daß man fast meinen konnte, die Stadt hieße wegen ihm so. Ich kenne ihn gut aus der gemeinsamen Zeit beim Deutschen Städtetag, und wir waren uns eigentlich von Anfang an sympathisch, man kann auch sagen: Wir hatten die gleiche Wellenlänge. Wir kamen zwar aus unterschiedlichen politischen Lagern, aber wir betrachteten beide nicht Politik als eine Veranstaltung zur Erzeugung unnötigen Streites, sondern als eine fachliche, sachliche und der Vernunft bedürftige Aufgabe im Dienste von Werten. Daß unter diesen Werten die soziale Gerechtigkeit an herausragender Stelle steht, darüber waren wir uns einig; freilich muß sie mit vernünftigen und realistischen Mitteln gesichert werden.

Werner Ludwig schildert in seinem Buch sein Leben und seine Arbeit. Sein Leben verlief anders als meines. Der Vater mußte als Sozialdemokrat mit seiner Familie 1933 Deutschland verlassen. Werner Ludwig wuchs im besetzten Frankreich auf. Es ist imponierend zu lesen, wie die Familie nach dem Ende des NS-Regimes nach Deutschland zurückkehrte und wie die schwere Verfolgung die Bindung an die Heimat nicht zerstört hatte. Man gewinnt fast den Eindruck, daß diese Bindung größer war als bei vielen anderen, die Ähnliches nicht hatten erdulden müssen. Werner Ludwig schildert seine Tätigkeit in Ludwigshafen kompetent und umfassend. Man begegnet ihm als ein Mann, der mit Menschen umgehen kann, weil er sie respektiert. Er nennt viele Namen von Personen, mit denen er zusammengearbeitet hat und die am Erfolg mitgewirkt haben. Das ehrt ihn. In der Tat kann kein Politiker etwas Größeres alleine zustande bringen. Nur hört und liest man das so selten, was beiträgt zum Irrglauben an die Allmacht der Politiker, dessen Gegenstück die Kritik an ihnen wegen allen erdenklichen Mißständen ist.

Werner Ludwig kämpfte für sachliche Lösungen, auch wenn er deshalb einmal von dem von ihm hochgeschätzten Herbert Wehner als „Herr Ludwig" tituliert wurde. Er trat für Umgehungsstraßen ein, für Müllverbrennung und er tolerierte die Kernkraft. Seine Erinnerungen sind eine Fundgrube für Kommunalpolitiker und solche, die es werden wollen. Hier tritt ein Mann hervor, der bescheiden und kompetent der Sache diente und der gerade deshalb herausragt.

EINLEITUNG

Warum habe ich dieses Buch geschrieben? In erster Linie, weil meine Kinder und viele gute Freunde und Bekannte meinten, meine Kindheits- und Jugenderlebnisse, auf die ich immer einmal zu sprechen kam, sollten unbedingt festgehalten werden. Nachdem die PVA bereit war, das Buch herauszugeben, entschloß ich mich, meine Lebenserinnerungen aufzuzeichnen.

Sie konnten allerdings nicht mit der Rückkehr aus Frankreich enden. Sicher hat die Emigration meine Persönlichkeit und mein Wirken geprägt. Auch nach der Rückkehr führte ich ein politisch bewegtes Leben. Ich blieb sozusagen unterwegs. Meine Funktion als Oberbürgermeister war für mich eine Lebensaufgabe. Deshalb wollte ich aufzeigen, was in Ludwigshafen bewegt werden konnte – wo andererseits die Grenzen der Gestaltungsmöglichkeiten lagen. Indem dieses Buch über mein persönliches Wirken berichtet, wird darin gleichzeitig ein Stück Geschichte der Stadt Ludwigshafen dokumentiert. Die Aufzeichnungen erheben freilich keinen Anspruch auf Vollständigkeit oder Lückenlosigkeit. Wenn ich mich auch um Objektivität bemüht habe – vieles ist zwangsläufig subjektive Betrachtungsweise. Der kritische Leser wird dies erkennen und berücksichtigen.

Vielleicht hätte ich das Buch doch nicht geschrieben, wenn ich gewußt hätte, was auf mich zukommt. Nicht nur die Materialsichtung, sondern auch die Gestaltung haben viel Zeit und Kraft gekostet. Das Bemühen, so verständlich und exakt wie möglich zu schreiben, führte immer wieder zu Ergänzungen und Umformulierungen. Hans Bardens und Günther Janson haben mitgeholfen, Erinnerungslücken zu schließen. Mit Sicherheit würde ich bei einer Überarbeitung wieder einiges ändern. Auch das Bildmaterial war leider lückenhaft. Viele Begebenheiten können dadurch nicht anschaulich dokumentiert werden. Zum Glück muß das Buch ja irgendwann erscheinen – es hätte schon viel früher fertiggestellt sein sollen. Deshalb wird es in der vorliegenden Fassung und mit den verfügbaren Bildern gedruckt.

Dem Verlag möchte ich für das Verständnis, das er für meine Arbeitsweise aufgebracht hat, danken.

KINDHEIT UND JUGEND

Geboren wurde ich am 27. August 1926 in Pirmasens. Die ersten sieben Lebensjahre verbrachte ich – soweit ich sie in Erinnerung habe – relativ unbeschwert und wurde liebevoll betreut.

Meine Eltern, Jahrgang 1892 und 1893, waren schon in früher Jugend zur Arbeiterbewegung gestoßen – zur SPD, Gewerkschaft und Arbeiterwohlfahrt. Sie wuchsen beide unter sehr bescheidenen Verhältnissen auf. Eugen Hertel, eine der herausragenden Persönlichkeiten der Pfälzer SPD und enger Freund meines Vaters, schildert dies in seinem Buch „Ein Leben für Demokratie und Sozialismus" wie folgt: „In Pirmasens erlebt er die Not im Elternhaus. Bei der Heimarbeit der Eltern in einer muffigen Kellerwohnung mußten auch die Kinder recht früh zugreifen." Meine Mutter mußte als Kind morgens, bevor sie zur Schule ging, noch Brötchen austragen. Beider ständiger Einsatz für die sozial Schwachen ist auf diese Kindheitserlebnisse mit zurückzuführen.

Nach dem Kriegsdienst setzte sich mein Vater 1918 an die Spitze des Arbeiter-Soldaten-Rates, bekleidete wichtige Funktionen in der SPD, wechselte zur USPD, fand dann aber mit all seinen Gesinnungsgenossen wieder zur alten politischen Heimat zurück. Hauptberuflich übernahm er die Stelle des Sekretärs der Gewerkschaft LEDER. Zusätzliche Ehrenämter in der SPD, im Stadtrat und als Bürgermeister führten dazu, daß er abends selten zu Hause war. Die Mutter wollte ihm nicht nachstehen – sie war nicht nur in

Der Kriegsgegner Adolf Ludwig als Soldat im Ersten Weltkrieg

der SPD, sondern in vielen Vereinen und Organisationen aktiv, vor allem in Frauenverbänden und in der Arbeiterwohlfahrt. Sie konnte guten Gewissens, ohne daß ich vernachlässigt worden wäre, abends unterwegs sein, denn glücklicherweise gab es da noch Tante Frieda, die Schwester meiner Mutter. Sie wohnte nur zwei Häuser weiter und freute sich, den kleinen Werner betreuen zu können, zumal sie noch kein eigenes Kind hatte (ihr Sohn Otto kam erst 1933 nach unserer Emigration zur Welt). So wurde ich regelrecht verwöhnt. Wenn die Mutter unterwegs war, setzte Tante Frieda sich an mein Bett und hielt mir die Hand. Ich sagte dann immer zu ihr: Gell, Tante Frieda, du bleibst bei „dir". So hatte sie es mir ja immer versichert.

Ihr Mann, Heinrich Schlappert (Onkel Heinrich) arbeitete in der Schuhfabrik Rheinberger und kam kurz nach 12.00 Uhr zum Mittagessen nach Hause. Mein Vater kam frühestens um 13.00 Uhr heim. Ich konnte immer wählen, bei wem ich essen wollte und das Beste aussuchen – was kann man sich noch mehr wünschen?

Wenn ich allerdings krank war – keine Kinderkrankheit habe ich ausgespart, mich mit Lungen-, Rippenfell- oder Mittelohrentzündung herumgeplagt – wußte meine Mutter genau, was mir gut tat. Sie war von den Heilkräften der Natur überzeugt – meinen Vater hatte sie mit Aufschlägen, wobei Zitronen eine entscheidende Rolle spielten – von einer scheinbar unheilbaren Stirnhöhlenvereiterung, die er sich im Krieg zugezogen hatte, befreit. Für mich gab es immer kalte Wickel. Sie waren außerordentlich unangenehm, aber letztlich sehr hilfreich. Dadurch wurden meine Abwehrkräfte gestärkt, mit ein Grund dafür, daß ich viele Strapazen im Leben gut überstehen konnte.

Meinen ersten politischen Auftritt hatte ich bei einer Wahlversammlung 1932. Mein Vater nahm mich öfters mit, wenn er mit dem Auto unterwegs war. Das Autofahren machte mir Spaß, ich war auch gerne unter Leuten und freute mich, meinem Vater zuhören zu können. Die Politik war sowieso Hauptgesprächsthema

*Mutter Helene schaut aus ihrem Haus
Maximilianstraße 9 in Pirmasens*

zu Hause – ich interessierte mich schon als Kind dafür. In der erwähnten Versammlung ging es heiß her. Nazis und Kommunisten störten gleichermaßen durch laute Zwischenrufe und Lärm. Sie versuchten damit, meinen Vater am Reden zu hindern. Plötzlich sprang ich vom Stuhl auf den Tisch, schwang die Versammlungsglocke und rief aus voller Kehle in den Saal: „Jetzt seid emol ruhig, ihr Lumbezeich und hört meim Vadder zu". Dieser unverhoffte Auftritt verblüffte die Störer derart, daß für einige Zeit Ruhe eintrat und mein Vater weiterreden konnte. Dies war wohl der Beginn meiner politischen Laufbahn!

Leider waren alle Anstrengungen, das Unheil zu verhindern, vergebens. Nazis und Kommunisten, die sich gegeneinander Saalschlachten lieferten, waren sich in einem einig: Beide wollten den Untergang der Weimarer Republik. Die Kommunisten nahmen dabei in Kauf, daß die Nazis als Sieger hervorgingen. Ihre Parole lautete: „Erst kommt Hitler, dann kommen wir". Auf tragische Weise ist diese Horrorvision zwölf Jahre später für 45 Jahre in Ostdeutschland Realität geworden. Diese unheilvolle Entwicklung zeigt, wohin ideologische Verblendung führen kann. Alle Appelle an die Vernunft nützten nichts. Auch die Warnung „Wer Hitler wählt, wählt den Krieg" konnte viele verzweifelte, arbeitslose und in Not lebende, aber auch verblendete Menschen nicht daran hindern, den Nazis ihre Stimme zu geben oder sich sogar der „Bewegung" anzuschließen und zur Machtergreifung beizutragen.

VERFOLGUNG UND FLUCHT NACH FRANKREICH

Für unsere Familie hatte dies schwerwiegende Folgen. Mein Vater, der 1932 in den Bayerischen Landtag gewählt worden war, entkam einer Verhaftung im Plenarsaal. Als er merkte, daß er festgenommen werden sollte, gelang gerade noch die Flucht durch eine Hintertür. Dort stand zwar eine SA-Wache. Geistesgegenwärtig herrschte er den dort stehenden Mann an: „Stillstehen". Der

Mann stand sofort stramm. Geübt ist geübt. Mein Vater entkam
dadurch zunächst einer Inhaftierung. Doch dann begann eine längere Verfolgungsjagd. Er versuchte, sich dem Zugriff der Nazis zu
entziehen, indem er mit seiner Freifahrkarte als Landtagsabgeordneter durch Deutschland fuhr – auch in der Hoffnung, mit Freunden den Widerstand gegen Hitler organisieren zu können. Zu
Hause lauerten jedoch die Schergen der neuen Machthaber auf ihn.
So wurde er bei Zwischenetappen in Pirmasens fünfmal aufgespürt
und verhaftet, dann wieder freigelassen. Dies hatte er dem Orts-
gruppenführer der NSDAP, Richard Mann, zu verdanken. Mein Vater
hatte ihn 1923 nach der Ausweisung aus der Pfalz durch die Separatisten in Heidelberg kennengelernt, wo er ebenfalls im Exil lebte.
Dieses Zusammensein hat offensichtlich zu einer gegenseitigen
Wertschätzung geführt, die Richard Mann veranlaßte, meinem Vater
1933 zu helfen. Nachdem die Franzosen den Pirmasenser Oberbürgermeister Strobel ausgewiesen hatten, wurde mein Vater als
ehrenamtlicher Bürgermeister der verantwortliche Chef der Stadtverwaltung. Er setzte sich energisch gegen die Separatisten zur
Wehr, die die Autonome Republik Pfalz – von den französischen
Besatzungsmächten unterstützt – ausgerufen hatten. Die Pirmasenser konnten sich damit nicht abfinden. Als eine Gruppe von
Separatisten mit dem Zug am Bahnhof ankam, spielte die abkom-
mandierte Musikkapelle das Lied: „Alle Vögel sind schon da ..." Die
Pirmasenser (die Schlabbeflicker), eine robuste Rasse, wehrten sich
mit allen Mitteln gegen diese aus ihrer Sicht zugelaufenen „Schma-
rotzer". Für meinen Vater war es nicht einfach, angesichts der Spannungen für Ruhe und Ordnung zu sorgen. Listenreich verhinderte
er mit Unterstützung durch eine kleine kommunale Polizeitruppe
manch gewaltsame Ausschreitung. Der Schriftsteller Lutz Knecht,
ein Freund meines Vaters, hat diese Ereignisse in einem Schlüssel-
roman „Eine Handvoll Männer und ein Mann" festgehalten. Er schilderte, wie Bürgermeister Gustav Kurz (alias Adolf Ludwig) mit Hilfe
von 20 treuen Polizisten einen blutigen Zusammenstoß verhinderte.

Die französischen Besatzungsbehörden hatten meinen Vater festgenommen, um den Widerstand gegen die Separatisten zu bre-

chen. Nach heftigen Interventionen meiner Großmutter und meiner Mutter – einer schmächtigen kleinen Frau, die es schaffte, einen französischen Soldaten, der ihr den Weg versperren wollte, die Treppe hinunterzustoßen und zum französischen Standortkommandanten vorzudringen –, wurde der „Bürgermeister" wieder auf freien Fuß gesetzt. Die Franzosen überließen dann das schmutzige Geschäft den Separatisten, die ihn festnahmen und nach Speyer brachten. Das „Gericht", das diesen Namen wohl nicht verdiente, fällte ein „mildes" Urteil. Nachdem der Ankläger die Todesstrafe beantragt hatte, wurde die Abschiebung in das rechtsrheinische Gebiet beschlossen.

Nach der Ausweisung meines Vaters gab es in Pirmasens keine funktionsfähige kommunale Verwaltung mehr, die für Recht und Ordnung hätte sorgen können. Dies war mit ein Grund, warum radikale Kräfte das Bezirksamt, das von den Separatisten besetzt worden war, anstecken und die flüchtenden Besatzer bestialisch umbringen konnten. Die französische Besatzungsmacht hatte – offensichtlich weil Hilferufe von einer Telefonistin blockiert wurden – ihre Handlanger nicht rechtzeitig beschützt. Möglicherweise haben es die Franzosen bereut, daß sie meinen Vater ausweisen ließen. Er hätte wahrscheinlich diesen tragischen Vorfall verhindert. Vielleicht war dies ein Grund, warum uns – trotz des Widerstandes gegen den französischen Annexionsanspruch – 1933 das Asyl in Frankreich nicht verweigert wurde.

Bevor er flüchten konnte, wäre mein Vater beinahe das Opfer eines Anschlags geworden. Nach seiner letzten Entlassung aus dem Gefängnis versuchte die SA, ihn auf ihre Weise unschädlich zu machen. Ein Dutzend Männer in Uniform umstellten unser Haus, um eine Festnahme vorzutäuschen. Einer davon war hinter einer Hecke versteckt und hatte den Auftrag, ihn beim Weggang „auf der Flucht" zu erschießen. Zum Glück gelang es ihnen nicht, die Tür einzutreten. Sie zogen unverrichteter Dinge wieder ab. Jetzt wurde klar, daß mein Vater Deutschland verlassen mußte. Richard Mann hatte ihm signalisiert, daß er damit rechnen müsse, nach der näch-

Letztes Bild in der Heimat am 27. August 1933
Werner mit Kusine Wilma, rechts dahinter Mutter
und Tante Frieda

sten Festnahme ins Konzentrationslager Dachau eingeliefert zu werden. Nur durch die Emigration konnte er sein Leben retten. Er setzte sich ins Saargebiet ab, wohin ihm mein älterer Bruder Ludwig, der befürchten mußte, im Rahmen einer Beuge- oder Sippenhaft festgenommen zu werden, kurze Zeit darauf folgte. Als Mitglied der Sozialistischen Arbeiter-Jugend und des Reichsbanner mußte auch er mit einer Verhaftung rechnen. Als die Nazis feststellten, daß sich mein Vater ihrem Zugriff entzogen hatte, nahmen sie meine Mutter fest. Sie wurde gezwungen, ihm einen Brief zu schreiben und ihn aufzufordern, zurückzukommen, da sie sonst in Haft bleiben würde. Sie gab jedoch dem Boten noch einen kleinen Spiegel mit, in dem ein Zettel eingelegt war mit dem Hinweis, er solle der Aufforderung auf keinen Fall folgen. Als nach fünf Wochen Inhaftierung schwere Lähmungserscheinungen bei ihr auftraten, wurde sie aus der Haft entlassen mit der Auflage, sich sofort nach Gehfähigkeit bei der Polizei zu melden. Ihr Zustand besserte sich gegen Ende des Monats August, so daß eine Flucht über die Grüne Grenze geplant werden konnte.

An meinem siebten Geburtstag am 27. August 1933 feierte ich zusammen mit meiner Mutter und meinen Kusinen Erika, Wilma und Liesel. Auch meine geliebte Tante Frieda war mit dabei. Sie hatte den Geburtstagskuchen gebacken. Der Nachmittag brachte dann wohl die bedeutungsvollste Wende in meinem Leben. Ich mußte mein Elternhaus verlassen – wie es schien: für lange Zeit – vielleicht sogar für immer? Tante Elfriede, eine Schwägerin meiner Mutter, brachte mich ins Saargebiet, das damals noch vom deutschen Reich getrennt war, nach St. Ingbert zu meinem Vater und meinem Bruder. Sie hatten bei Bekannten eine vorübergehende Bleibe gefunden. Drei Tage später traf auch meine Mutter ein. Sie war „illegal" über die Grenze gekommen. Wenigstens waren wir nun alle wieder beieinander. Darüber waren wir glücklich. Das gemeinsame Exil begann.

Mein Schicksal wurde sehr früh von der unheilvollen politischen Entwicklung in Deutschland geprägt, die schließlich das gesamte deutsche Volk ins Unglück stürzte und den mörderischsten Vernichtungskrieg der Menschheit verursachte.

Mein späteres politisches Engagement ist sicherlich durch erste Kindheitserlebnisse, die sogar noch auf die Zeit vor der Flucht zurückgehen, mitbedingt und geprägt.

Wenige Wochen später siedelten wir nach Sarreguemines um. Mein Vater hatte befürchtet, daß es Hitler gelingen würde, das Saarland „ins Reich" zurückzuführen. Damit hätten wir erneut flüchten müssen. In Sarreguemines wohnte eine Schwester meines Vaters, die uns eine Unterkunft besorgt hatte. In Lothringen lebten auch einige Kusinen meines Vaters. Meine Großmutter war französischer Abstammung (eine geborene Clausonnet). Besonders wertvoll erwies sich der Umstand, daß der Mann einer Kusine Abgeordneter in der französischen Nationalversammlung war. Er hat sich mit Erfolg dafür eingesetzt, daß wir in Sarreguemines bleiben durften. In der Regel duldeten die französischen Behörden keine deutschen Flüchtlinge in der Grenzzone. Die Intervention des Abgeordneten hat auch dazu geführt, daß wir – obwohl damals staatenlos – bei Kriegsbeginn nicht interniert wurden.

In den Ferien fuhr ich illegal nach Pirmasens, indem ich mich einem erwachsenen Grenzgänger anschloß, so daß der Eindruck entstand, ich gehöre zur kontrollierten Person. Beim ersten Besuch an Ostern 1934 tauchte ich noch bei Bekannten in Hinterweidental unter, wo sich auch Familie Schlappert einfand. Wir hatten befürchtet, daß mich die Nazis als Geisel in einem Kinderheim festhalten könnten. Vor meinem nächsten Besuch in den Sommerferien 1934 setzte sich mein Onkel mit dem Ortsgruppenleiter Mann in Verbindung und vergewisserte sich, daß ich unbehelligt bleiben würde. So verbrachte ich einen Teil meiner Schulferien in Pirmasens, zuletzt an Ostern 1939. Im ersten Jahr schmuggelte ich noch Aufklärungsmaterial gegen Hitler nach Deutschland, die unter dem Mantelfutter eingenäht waren. Meine Eltern hatten mich eingebunden in diese illegale Aktion. Ich war überzeugt, daß dies notwen-

Tante Frieda mit Sohn Otto und zwei Kusinen 1934 zu Besuch in Sarreguemines. Die Idylle trügt: Es standen schwere Zeiten bevor

dig war und hatte mich deshalb – trotz der Gefahr, die mir bewußt war – dazu bereit erklärt. Der Wohnungsnachbar meiner Tante, Robert Breyer, übernahm die Flugblätter und verteilte sie zusammen mit einer Widerstandsgruppe, der er angehörte – dem „Asselsteiner Kreis". Dieser wurde offensichtlich verraten und einige Teilnehmer verhaftet. Robert Breyer konnte sich noch rechtzeitig durch Flucht der Inhaftierung entziehen. Nach einem längeren Aufenthalt bei uns in Sarreguemines siedelte er sich in Ingwiller, am Rande der Nordvogesen, an. Ein weiterer Widerstandskämpfer, Valentin Ort, konnte ebenfalls entkommen und in Reichshofen Unterkunft und Arbeit finden. In den Sommerferien war ich bei den beiden Freunden, die ohne ihre Familie leben mußten, immer herzlich willkommen. Wenn auch meine Eltern kein Geld für Urlaub hatten – ich hatte mit meinem Fahrrad abwechslungsreiche Urlaubserlebnisse.

Auf der Rückfahrt von Pirmasens nahm ich meistens Lebensmittel mit, die mir Tante Frieda einpackte. Sie züchtete Schweine und versorgte uns mit Fleisch und Wurst. Eines Tages gab sie mir eine Tasche mit, in die sie als Stepperin einen doppelten Boden eingenäht hatte. Im unteren Teil war ein Schwartenmagen versteckt, um den ich natürlich mächtig zitterte. Und tatsächlich entdeckten die Zollbeamten das schöne Stück und nahmen es mir weg. Ich weinte bitterlich. Durch meine Tränen gerührt, gaben sie mir den Schwartenmagen schließlich wieder zurück. Sie handelten damit zwar nicht nach ihren Vorschriften, aber menschlich. Ähnliche Gesten habe ich immer wieder erlebt. Dies hat mich in meiner Grundeinstellung bestärkt, nicht nur nach dem Buchstaben des Gesetzes zu handeln, sondern notfalls dagegen zu verstoßen, wenn es darum ging, Menschen zu helfen.

Die Unterstützung unserer Verwandten konnten wir gut gebrauchen. Mein Vater bekam keine Arbeitserlaubnis und konnte, abgesehen von einigen Gelegenheitsarbeiten, kein Geld verdienen. Mein Bruder arbeitete ohne Arbeitserlaubnis als Architekt – er hatte 1933 noch seine Prüfung in Kaiserslautern abgelegt –, allerdings bei schlechter Bezahlung und mit dem ständigen Risiko, ertappt und ausgewiesen zu werden. Meine Mutter mußte als Putzfrau den Unterhalt der Familie bestreiten. Vater betreute seinerseits den Haushalt und mich, den schulpflichtigen Sohn. Erste Probleme traten bei der Einschulung auf. In Elsaß-Lothringen gab es nach altem deutschen Recht noch Konfessionsschulen. Die aus der Kirche ausgetretenen Eltern – Vater stammte aus einer protestantischen, Mutter aus einer katholischen Familie – entschieden, den nicht getauften Sohn in die protestantische Konfessionsschule zu schicken, möglicherweise weil sie sich mehr Liberalität erhofften.

Diese Entscheidung hatte – zumindest scheinbar – zwei Nachteile: Bei dem geringen Anteil an Protestanten mußten jeweils zwei Jahrgänge in einer Klasse unterrichtet werden. Dies hat sich dann allerdings vorteilhaft für mich ausgewirkt. Bis zur 7. Klasse konnte ich jeweils nach einem Jahr in die übernächste Klasse wechseln. Der Anfang war jedoch sehr schwer, denn ich verstand kein Wort französisch und die Lehrerin sprach kein Wort deutsch. Nach dem ersten Schultag wollte ich am liebsten sterben. Es dauerte jedoch nicht lange und ich hatte keine Probleme mehr mit der Sprache. Zweiter Nachteil: Die Schule lag am anderen Ende der Stadt. Vielleicht ist meine gute Kondition beim Wandern oder Radfahren auf die vier Kilometer zurückzuführen, die ich täglich zurücklegen mußte! Als angenehm empfand ich auch, daß in der Nähe der Schule die Nähstube meiner Tante lag. Vor allem im Winter kehrte ich nachmittags nach Schulschluß öfters dort ein und wurde immer herzlich aufgenommen. Ansonsten spielte ich gerne mit den Nachbarskindern auf der Straße – Fußball war meine große Leidenschaft. So manche Fensterscheibe ging zu Bruch. Einer meiner Freunde war Robert Pax, nach 1960 langjähriger Bürgermeister von Sarreguemines. Vor zwei Jahren ist mein Neffe René Ludwig Nachfolger von Robert Pax geworden, unter dem er bereits als Beigeordneter gewirkt hatte. Wenn ich so gegen sechs Uhr oder noch später nach Hause kam, wies mein Vater darauf hin, daß es langsam Zeit sei, meine Aufgaben zu machen, denn um acht Uhr käme Mutter von der Arbeit zurück und dann müßte alles fertig sein.

Mein Vater war außerordentlich großzügig und hatte viel Verständnis für mein verspieltes Wesen. Vielleicht hätte er mich stärker zu Ordnung und Pünktlichkeit erziehen sollen. Wäre ihm dies gelungen, so wäre ich möglicherweise als Erwachsener bei Terminen nicht meistens zu spät gekommen, was verständlicherweise manche Verärgerung verursacht hat!

Um legal arbeiten zu können, erwarb mein Bruder 1937 die französische Staatsbürgerschaft – die deutsche Staatsangehörigkeit war uns ein Jahr zuvor aberkannt worden. Mit der festen Anstellung schaffte er die wirtschaftliche Grundlage für seine Ehe mit Georgette Schöser. Kurz vor Kriegsausbruch kam Tochter Liliane zur Welt. Mein Bruder wurde 1939 zum Militär eingezogen, geriet 1940 in deutsche Gefangenschaft und kehrte erst nach Kriegsende zu seiner Familie nach Sarreguemines zurück.

Unser Haus war Anlaufstelle für Flüchtlinge, die sich aus Deutschland absetzen konnten. Dadurch erfuhr ich auch von den Grausamkeiten des Hitler-Regimes gegenüber Andersdenkenden und konnte selbst Spuren der Mißhandlungen in Konzentrationslagern feststellen. Aufgrund seiner Funktionen innerhalb der Exil-SPD nahm mein Vater an einer Tagung während der Weltausstellung 1936 in Paris teil. Ich durfte ihn begleiten. Da er tagsüber durch die Besprechungen beansprucht war, mußte ich mich allein in Paris zurechtfinden. Sehr schnell wußte ich, wie ich von jeder Metro-Station entweder zu einem vereinbarten Treffpunkt finden oder zum Hotel zurückkehren konnte. Wenn ich mich einmal verlaufen hatte, so fand ich ab der nächsten Metro-Station, auf die ich stieß, wieder auf den richtigen Weg zurück. Mein gutes Orientierungsvermögen ist durch diesen Aufenthalt noch geschärft worden. Auch meine Selbständigkeit wurde gestärkt.

Die Gespräche zu Hause – zwischen meinen Eltern oder mit Freunden – drehten sich immer wieder um aktuelle politische Themen. Ich war stets ein interessierter Zuhörer. Auch nach 60 Jahren sind mir noch manche Themen in Erinnerung. So wurde der Einmarsch der Wehrmacht in die entmilitarisierte linksrheinische Zone ohne Gegenwehr der Alliierten als ein entscheidender Fehler angesehen. Mein Vater war überzeugt, daß dies Hitler ermutigen würde, seine Ziele, die er in „Mein Kampf" dargelegt hatte, durchzusetzen, ohne daß er in der ersten Phase mit Gegenwehr rechnen mußte. Dadurch hatte er genügend Zeit, aufzurüsten, um – falls erforderlich – einen Erorberungskrieg zu wagen und dann daraus als Sieger hervorzugehen. Mein Vater war überzeugt, daß Hitler hätte gestürzt werden können, wenn die Alliierten ihn mit Waffengewalt am Einmarsch in die entmilitarisierte Zone gehindert hätten. Dadurch wäre den Deutschen und der gesamten Welt viel Elend erspart geblieben. Bei seinen französischen Gesprächspartnern hat er mit seinen Warnungen kein Gehör gefunden. Sie konnten nicht glauben, daß Hitler den Krieg wollte, fühlten sich außerdem durch den Bau der Maginot-Linie in Sicherheit. Die französische Regierung hörte auch nicht auf den späteren General De Gaulle (mit dem ich 1939 bei einem Tag der offenen Tür in der Panzerkaserne in Montigny les Metz zusammentraf), der auf die Kriegsgefahr hinwies. Er war auch überzeugt, daß die Maginot-Linie keinen ausreichenden Schutz gegen eine Invasion bieten würde. Für ihn stand fest, daß Flugzeuge und Panzer den nächsten Krieg entscheiden würden und Hitler aufgrund seiner Übermacht diesen auch wagen könne.

Nach dem Einmarsch in Österreich und im Sudetenland und dem Münchner Abkommen rechneten meine Eltern fest damit, daß es zu einem erneuten Weltkrieg kommen würde. Sie wollten sich aus Sarreguemines und der unmittelbaren Grenznähe absetzen, da sie für den Ernstfall mit einer sofortigen Besetzung rechneten. Mit Hilfe zweier Kusinen konnten wir in Metz eine Unterkunft finden, zunächst in Montigny les Metz und später in Ban-Saint-Martin, wo wir im Haus einer jüdischen Familie eine unentgeltliche Unterkunft fanden. Vater übernahm dafür Hausmeisterfunktionen.

Trotz aller Widerwärtigkeiten waren die Kinder- und Jugendjahre in Sarreguemines eine schöne und glückliche Zeit. Dies habe ich vor allem meinen Eltern zu verdanken. Sie waren immer bemüht, meine Wünsche zu erfüllen und mich auf das Leben vorzubereiten. Obwohl wir kaum Geld hatten, schenkten sie mir 1935 zu Weihnachten eine Geige und ermöglichten mir 1937 den Besuch des Gymnasiums. Noch heute denke ich dankbar an die aufopferungsvolle Liebe meiner Eltern zurück.

In den Sommerferien 1939 fuhr ich nicht mehr nach Pirmasens, da meine Eltern davon ausgingen, daß der zweite Weltkrieg jederzeit ausbrechen könnte. Das Fahrrad bot mir allerdings die Möglichkeit, Freunde zu besuchen und einiges zu erleben. Kurz vor Kriegsausbruch traf ich mich in Forbach mit dem gleichaltrigen Ernest Roth, dessen Eltern 1933 nach Strasbourg geflüchtet waren. Erst kürzlich, als er nach langjähriger Referententätigkeit in Brüssel nach Strasbourg zurückgekehrt war, übergab er mir nach mehr als 50 Jahren den Brief, mit dem diese Radtour vereinbart worden war. Er hatte ihn in alten Unterlagen wieder gefunden.

Mit der Unterzeichnung des Nichtangriffspaktes mit der Sowjetunion war für Hitler der Einmarsch in Polen kein militärisches Risiko mehr. Für den Fall, daß die Alliierten zu ihrem Beistandspakt stünden, verfügte Hitler über eine militärische Übermacht gegenüber Frankreich und Großbritannien. Nach der Kriegserklärung durch die Alliierten rechnete mein Vater mit Luftangriffen, von denen auch die Garnisons-Stadt Metz betroffen sein könnte. Deshalb veranlaßte er uns, eine kleine Wohnung in Ligny en Barrois (bei Bar le Duc) zu beziehen. Angesichts der militärischen Überlegenheit der Deutschen war er von einer schnellen Erorberung Frankreichs überzeugt. Nachdem der Blitzkrieg ausblieb, kehrten wir Mitte November 1939 nach Metz zurück. Erst im Mai 1940 geschah das, was mein Vater schon früher befürchtet hatte. Über Belgien/Luxemburg rückte die Wehrmacht sehr schnell in Frankreich ein. Die deutschen Truppen hatten dadurch die Maginot-Linie umgangen und überrollten mit ihren Panzereinheiten Frankreich.

KRIEGSWIRREN

Als die Benzinvorratslager nördlich von Metz brannten, versuchten wir erneut unser Leben durch die Flucht zu retten. Ziel war Chasseneuil in der Charente. Dort befand sich meine Schwägerin mit ihrer Tochter. Sie waren 1939 aus Sarreguemines evakuiert worden. Mein Vater und ich versuchten mit dem Rad, meine Mutter mit dem Zug, das Ziel zu erreichen. Der Zug blieb in den Vogesen hängen. Nach einigen Tagen kehrte meine Mutter nach Metz zurück. Mein Vater und ich verbrachten die erste Nacht in einem Schulsaal in Pont à Mousson. Am zweiten Tag verloren wir uns bei Nancy aus den Augen. Die Straßen waren überfüllt mit Fußgängern, Radfahrern und Autos, mit Menschen, die auf der Flucht vor den Invasoren waren. Ich fuhr meistens vor meinem Vater her und wartete nach einiger Zeit auf ihn. Nach zweistündiger Wartezeit hinter Nancy wurde ich unsicher. Ich befürchtete, ihn beim Vorbeifahren übersehen zu haben und versuchte deshalb, ihn einzuholen. In Wirklichkeit hatte er eine Reifenpanne, die erst nach längerer Zeit behoben werden konnte. Der Abstand zwischen uns wurde immer größer. Wir hatten vor, uns in einem Ort bei Neufchateau zu treffen. Dort wollten wir bei Verwandten von Wohnungsnachbarn aus Metz übernachten. Unverständlicherweise hatte nur ich die Adresse mitgenommen, wußte aber nicht, daß mein Vater sie nicht besaß. Ich fuhr deshalb nach Autigny la Tour in der Hoffnung, dort meinen Vater zu treffen. Er hatte aber lediglich in Erinnerung, daß wir uns bei Neufchateau einfinden sollten. Als er den Ortseingang erreichte, lagen etwa 30 verstümmelte Leichen auf der Straße, Menschen, die von deutschen Jagdbombern niedergeschossen worden waren. Er nahm an, ich sei dabei, denn sonst hätte er mich ja treffen müssen – er wußte nicht, daß der Ort vor Neufchateau lag. Er fuhr dann ohne mich in Richtung Chasseneuil weiter. Die deutschen Truppen hatten inzwischen ihren Vormarsch fortgesetzt und „begleiteten" ihn auf seinem Weg in die Charente. Manchmal überholte er die deutschen Soldaten, ein anderes Mal waren sie schneller. Er erzählte mir später, daß er mehrmals überlegte, ob er seinem

Leben nicht ein Ende bereiten sollte, indem er sich von einem Panzer überrollen ließ, zumal er befürchtete, daß meine Mutter ebenfalls Opfer eines Fliegerangriffs geworden sein könnte. Der Lebenswille war dann doch stärker. Gefahr ging für meinen Vater auch von französischen Zivilisten aus, die überall deutsche Spione – die 5. Kolonne – vermuteten. Da er ein Rad mit Rücktrittbremse fuhr, wurde er als solcher verdächtigt. Die Gendarmen konnten ihn vor der aufgebrachten Menge nur durch Schutzhaft vor einer Lynchaktion retten. Bei Sonnenaufgang empfahlen sie ihm, den Ort schnell zu verlassen, da sie seine Sicherheit nicht mehr gewährleisten konnten. Nach knapp 10 Tagen kam er abgemagert, aber wohlbehalten bei seiner Schwiegertochter in Chasseneuil an.

Die mir fremde Familie in Autigny la Tour nahm mich freundlich auf. Ich machte mich als Kuhhirte nützlich. Eines Tages kamen drei französische Offiziere, die aus deutscher Gefangenschaft geflohen waren, in Uniform aus dem Wald heraus und sprachen mich an. Ich sollte ihnen Zivilkleidung und Lebensmittel besorgen. Später erzählten sie mir, daß sie sich zunächst überlegt hatten, mich umzubringen, damit ich sie nicht verraten konnte. Schließlich sind sie das Risiko mit mir eingegangen. Ein Schutzengel stand mir – wie später oftmals – zur Seite. Ich besorgte ihnen, was sie wünschten, erzählte ihnen die Geschichte unserer Flucht und daß mein Vater möglicherweise zum vereinbarten Ziel nach Chasseneuil gefahren sei. Sie schlugen mir vor, uns gemeinsam dorthin durchzuschlagen. Da ich vermutete, daß meine Mutter nach Metz zurückgekehrt war, entschloß ich mich, sie allein weiterziehen zu lassen.

Nach drei Wochen fuhr ich mit dem Rad nach Metz zurück. Meine Mutter traf ich in unserer Wohnung an. Sie arbeitete als Küchenfrau im Hotel de la Gare. Sie war sicher, daß mein Vater schreiben würde, wenn er durchgekommen war. Da sie annahm, daß die Post im zum Reich „zurückgekehrten" Metz nicht ankommen würde, bat sie mich, eine weitere Kusine aus der großen Verwandtschaft meines Vaters in Nancy aufzusuchen in der Hoffnung, dort eine Nachricht vorzufinden. Tatsächlich lag ein Brief meines

Vaters vor, in dem er seine glückliche Ankunft in Chasseneuil mit-
teilte. Meine Mutter ging damit auf die deutsche Kommandantur
und erklärte, sie wolle ihren Mann nach Metz zurückholen, dafür
brauche sie aber einen Durchfahrtsschein. Ihrem Wunsch wurde
entsprochen, so daß wir „legal" in die damals unbesetzte Zone fahren konnten. Bleibende Erinnerung an die Fahrt: Beim Bahnhofs-
wechsel in Paris hatte mir in der Metro ein Fahrgast mit einem
Ofenrohr, das er auf der Schulter trug, die rechte Wange aufge-
schlitzt, so daß ich blutüberströmt die Reise fortsetzen mußte. In
Chasseneuil angekommen, erfuhren wir, daß mein Vater inzwischen nach Nieul umgesiedelt war. Ich fuhr mit dem Rad auf einem
Waldweg zu dem Nachbarort. Noch vor den ersten Häusern sah ich
einen Mann am Wegrand stehen und Himbeeren pflücken. Ich hielt
hinter ihm an. Als er sich umdrehte, bemerkte er, daß sein totge-
glaubter Sohn vor ihm stand. Es war wohl einer der bewegendsten
Augenblicke in unserer beider Leben.

Das Zimmer, in dem mein Vater wohnte, hatte zwar kein Fenster,
aber eine Tür, die man für Belichtung und Belüftung offenstehen
lassen konnte. Wir hatten nur wenige Kleidungsstücke mitnehmen
können. Zum zweitenmal hatten wir alles stehen und liegen lassen
müssen. Immerhin hatten wir alle Gefahren überstanden und
waren wieder zusammen. Zeitweise wohnte noch ein Freund aus
Pirmasens, der spätere Gewerkschaftssekretär und Landtags-
abgeordnete Fritz Volkmer bei uns, dem wir helfen konnten, aus
der Fremdenlegion entlassen zu werden. Den Unterhalt verdienten
sich meine Eltern durch Hilfsarbeiten in der Landwirtschaft. Trotz
der unsicheren Verhältnisse konnte ich weiter die Schule besuchen,
und zwar im Collège von Confolens, wo ich im Internat unterkam.
Mit dem Rad konnte ich öfter an Wochenden zu meinen Eltern fahren und auch meine Ferien bei ihnen verbringen.

1941 wurde meinem Vater von einer Schweizer Hilfsorganisation
angeboten, in Termes d'Armagnac im Département Gers eine Farm
als Pächter zu übernehmen. Dies war eine Chance, unsere Lebensverhältnisse zu verbessern. Wichtigster Grund war jedoch, daß er

als Pächter Arbeitsbescheinigungen ausstellen konnte. Dadurch war es für deutsche Flüchtlinge möglich, aus einem Internierungslager oder der Fremdenlegion entlassen zu werden. Viele Männer konnten sich nämlich der Internierung nur entziehen, indem sie sich „freiwillig" zur Fremdenlegion meldeten. Sie entgingen damit der Gefahr, von der Gestapo aus den Internierungslagern nach Deutschland verschleppt und dort in Konzentrationslagern umgebracht zu werden. Da meine Eltern diese Chance erkannten, übernahmen sie Ende 1941 die Farm. Kurze Zeit danach kamen Ernst und Paula Kern aus Ludwigshafen hinzu und ein von ihnen betreutes Mädchen, Elsa Lörsch, sowie Fritz Hoffäcker mit Frau und Sohn und Valentin Ort (alle aus Annweiler). Ich selbst wechselte von Confolens in das Internat des Lycée von Tarbes (nahe Lourdes).

Einige Wochenenden und vor allem die Ferien verbrachte ich auf „unserem" Bauernhof. So konnte ich mich bei den Feldarbeiten nützlich machen und lernte auch Ochsen führen. In Erinnerung sind mir vor allem die Drescharbeiten. Die Dreschmaschine fuhr von Hof zu Hof. Jeder Betrieb mußte eine Kraft abstellen – ich übernahm den Part. Als unerfahrene „Kraft" mußte ich Hilfsarbeiten, wie Garben zureichen oder Säcke tragen, übernehmen – eine harte Arbeit! Dadurch lernte ich aber die Jugendlichen aus dem Dorf kennen. Mit einem der damaligen „Arbeitskollegen", Pierre Carchet, ist eine Freundschaft entstanden, die bis zum heutigen Tag gehalten hat. Er hat uns mit seiner Frau 1995 besucht. Erstmals in seinem Leben konnte er eine Woche Urlaub machen. Daraus ist die schwierige Situation von Landwirten aus dieser Region zu erkennen. Meine Entscheidung, den landwirtschaftlichen Betrieb nicht zu übernehmen – ich hatte einmal darüber nachgedacht –, scheint aus vielen Gründen doch richtig gewesen zu sein.

Im Sommer 1943 hatte die „Gutsherrlichkeit" ein jähes Ende. Die ganze „Mannschaft" war vormittags mit dem Ochsenkarren vom Hof gefahren, um auf dem Feld zu arbeiten. Ich fuhr kurz danach mit meinem Rad in die gleiche Richtung, um Milch zu holen. Nur Ernst Kern, der im Garten arbeitete, war zurückgeblieben. Ich sah,

*Mit dem unentbehrlichen Rad vor der Farm 1942
in Termes d'Armagnac*

*54 Jahre später mit dem Jugendfreund Pierre Carchet vor
dem inzwischen renovierten Haus*

wie ein Citroen (Traction Avant) von der Hauptstraße kommend in Richtung unseres Hauses fuhr. Nachdem das Auto an dem Ochsenkarren vorbeigefahren war, hielt es nach etwa 150 Metern auf meiner Höhe an. Ein Insasse sprach mich an. Er fragte: „Ist das Haus dort vor uns die Schweizer Farm? „ „Das weiß ich nicht. Ich habe da nur Milch geholt. Ich kenne die Leute nicht", versuchte ich mich herauszureden. Mir war klar, daß es sich um Gestapo-Leute handelte. Zum Glück haben sie meine Aussage nicht überprüft, denn die Kanne war leer! Sie fuhren weiter. Ich veranlaßte unsere „Arbeitskolonne", sich in einem nahegelegenen Waldstück zu verstecken, spannte die Ochsen ab und machte mich ebenfalls unsichtbar. Inzwischen waren die drei Gestapo-Leute am Haus angelangt und fragten Ernst Kern, ob er Valentin Ort sei. Er antwortete ihnen auf französisch mit einem starken deutschen Akzent: „Je ne suis pas Valentin Ort". Daraufhin der Gestapo-Mann: „Aber Deutscher sind sie". Sie fragten ihn, ob er wüßte, wo Valentin Ort sei. Ernst Kern bejahte die Frage und erklärte sich bereit, sie zu ihm zu führen. Wir hätten noch eine Dependance, dort würde er sich aufhalten. Dies stimmte natürlich nicht. Doch er hoffte, dadurch Zeit zu gewinnen, damit sich die anderen Hausbewohner in Sicherheit bringen konnten. Die Gestapo fuhr mit Ernst Kern vom Haus weg. So hatte ich die Chance, erste Maßnahmen für die Flucht zu ergreifen. Anschließend kehrte ich ins Wohnhaus zurück und steckte die Briefe meines Bruders aus der Gefangenschaft in eine Tasche, damit sie bei einer Hausdurchsuchung nicht gefunden würden. An seine Frau nach Sarreguemines zu schreiben, wäre zu gefährlich gewesen, denn er hatte seine wahre Identität verschwiegen. Deshalb schickte er seine Briefe an unsere Adresse. Um Zeit zu gewinnen und der Gestapo nicht in die Hand zu fallen, sprang ich von meinem Zimmer aus dem Fenster und rannte über die dahinterliegende Wiese los, wo ich Valentin Ort traf, mit dem ich mich verabredet hatte. Die Tür hatte ich zuvor noch von innen abgeriegelt. Kurz danach hörte ich mehrere Schüsse fallen. Ernst Kern hatte versucht, zu fliehen. Da die Eingangstür der Dependance verschlossen war, schlug er vor, über einen hinteren Eingang ins Haus zu kommen und die Tür zu öffnen. Als er wegrannte, schos-

Die Mannschaft mit dem Ochsenkarren unterwegs
(von links: Valentin Ort, Adolf Ludwig, Helene Ludwig
und stehend Elsa)

sen die Gestapobeamten auf ihn und zwangen ihn dadurch, sich zu ergeben. Sie kehrten mit ihm in das Wohnhaus zurück. Von dem großen Eingangsflur aus gingen mehrere Türen nach allen Seiten ab. Je ein Gestapo-Mann ging nach rechts und nach links, der dritte wollte in mein Zimmer. Da jedoch die Tür verriegelt war, bot sich Ernst Kern an, über das Fenster von hinten einzusteigen. „Mit diesem Trick haben Sie vorhin versucht, uns hereinzulegen. Diesmal gehe ich selbst um das Haus" sagte der Gestapo-Mann und entfernte sich. Alleingelassen nutzte Ernst Kern die Chance, sprang aus einem Nachbarzimmer durch das Fenster ins Freie und rannte weg. Die anderen Gestapo-Leute hatten nichts bemerkt. Da sie diesmal nicht wußten, in welche Richtung er geflohen war, konnte er ihnen entkommen. Nach einer gründlichen Durchsuchung des Hauses fuhr die Gestapo ins Hauptquartier nach Tarbes zurück.

Inzwischen konnte ich die weiteren Einzelheiten der Flucht abstimmen. Frau Hoffäcker und meine Mutter gingen mit Ernst Kern zu einem Landwirt, Robert Bégué (nach dem Krieg Bürgermeister von Termes d'Armagnac), dessen Haus etwa ein Kilometer entfernt lag. Mein Vater, Fritz Hoffäcker und sein Sohn versteckten sich in einem weiter entfernt liegenden Wald. Frau Kern war mit Roger bei einer befreundeten Schweizer Familie untergekommen, die einige Kilometer entfernt ebenfalls einen Bauernhof bewirtschaftete (allerdings nicht im Rahmen der Flüchtlingshilfe), wo dann auch später Ernst Kern und Elsa bleiben konnten. Valentin Ort und ich versteckten uns zunächst in einer Scheune eines Landwirts, in dessen Nähe eine unserer Wiesen lag und den wir deshalb kannten.

Es gab dann doch noch einen schwerwiegenden Zwischenfall, der verheerende Folgen hätte haben können. Herr Bégué ging abends in unser Haus, um es zu bewachen, da er Plünderungen befürchtete. Gegen 10.00 Uhr tauchten die Gestapo-Leute erneut auf, zwangen ihn mit Waffengewalt, mit ihnen zu seinem Haus zu fahren, weil sie annahmen, dort könnten sich einige der Gesuchten aufhalten. Das Haus lag auf einer kleinen Anhöhe unweit der

Korrekturhinweis:

Der Satz auf Seite 35, 1. Absatz, ist durch folgenden zu
ersetzen:

. . . zunächst Frau Hoffäcker verhört. Der Gestapo-
beamte erklärte ihr, daß er mit ihrem Schwager
befreundet sei. Deswegen sicherte er . . .

Es hat sich herausgestellt, daß Frau Hoffäcker nicht in
erster Ehe verheiratet war und somit auch keinen Sohn
aus erster Ehe haben konnte.

Werner Ludwig

Straße. Als die Gestapo den Seitenweg hochfuhr, hörte Ernst Kern das Motorengeräusch und sprang, als sie um das Haus herumkurvten, von der anderen Seite zum Fenster. hinaus. Damit konnte er sich einer erneuten Verhaftung entziehen. Mit Robert Bégué und den beiden Frauen fuhren die Geheimpolizisten nach Tarbes. Nach drei angstvollen Tagen wurde zunächst Frau Hoffäcker verhört. Aus Akten wußte der aus Neustadt stammende Gestapo-Chef, daß Frau Hoffäcker einen Sohn aus erster Ehe hatte, mit dem er befreundet war. Deswegen sicherte er ihr zu, sie wieder frei zu lassen. Er ließ dann meine Mutter kommen und gab ihr einen Brief meines Bruders aus der Gefangenschaft mit dem Hinweis zurück, daß er nichts unternehmen würde. Alle drei konnten unversehrt nach Hause zurückkehren. Welche Rolle der Zufall im Leben spielt! Wieder einmal hatte Menschlichkeit über Pflichteifer obsiegt.

Nach diesem Vorfall empfahl mir Herr Bégué, Kontakt mit Herrn Josef Labes aufzunehmen, dem Chef der Widerstandsbewegung in Termes d'Armagnac. Er versprach, die gefährdeten Personen in ein Versteck in der Dordogne zu bringen. Mit zwei Wagen wurden wir in einem Abstand von mehreren Tagen dorthin gebracht. So hatten mein Vater, Fritz Hoffäcker und Sohn schon einige Tage in Bourrou verbracht – wo sie in einem Kloster versteckt wurden –, als Valentin Ort und ich nachkamen. Die Namen der beiden Fahrer waren uns verständlicherweise nicht bekannt. Die meisten Mitglieder der Resistance benutzten übrigens Decknamen Zufällig traf ich im Herbst 1996 Abel Sempe bei der Besichtigung seiner Armagnac-Brennerei in Aignan. Dabei erfuhr ich, daß er unser Fahrer war! Viele Jahre hindurch war er einflußreicher französischer Senator. In seinem Buch „Au service de l'économie et de la liberté en Gascogne" hat er die Episode beschrieben.

Als ich meinen Vater in dem Versteck in Bourrou antraf, erlebte ich ihn das erste und einzige Mal in meinem Leben verzweifelt. Er meinte, ich solle auf jeden Fall zur Mutter zurückkehren, denn hier würde ich verhungern. Doch schon bald konnten sie sich als Waldarbeiter ihren Lebensunterhalt verdienen. Valentin Ort hatte in seiner Jugend gelernt, Körbe zu flechten, die er vor allem gegen Hammelfleisch eintauschen konnte. Kastanien gab es in rauhen Mengen, so daß sie sich bis zum Abzug der deutschen Truppen ernähren konnten.

Ich folgte dem Rat meines Vaters, was sich auch aus anderen Gründen als richtig erwies. Ich fand einen Internatsplatz im Lycée von Agen, ohne polizeiliche Anmeldung. Von Agen aus stellte ich einmal im Monat abwechselnd die Verbindung zu meiner Mutter und zu meinem Vater her, meistens mit dem Fahrrad. Ich konnte den Waldarbeitern über einen Gemeindesekretär einer Kommune bei Agen Lebensmittelkarten besorgen. Auf diesen Fahrten wurde ich mehrmals von deutschen Truppen angehalten. Es gelang mir jedesmal, sie zu überzeugen, daß ich auf Verwandtenbesuch sei. Meistens sprach ich sie in deutsch an, was die Verständigung erleichterte und sie vermutlich sogar positiv stimmte.

Dramatisch gestaltete sich für mich die Fahrt zwischen Weihnachten und Neujahr 1943/44. Zunächst war ich mit dem Bus von Termes d'Armagnac nach Auch, von dort mit dem Rad nach Agen gefahren. Es herrschte dichter Nebel und es war bitter kalt. Mein Rad war wie immer hoch bepackt, da ich die gereinigte und instandgesetzte Wäsche in die Dordogne brachte. Wenige Kilometer nach Auch überholte mich eine „Traction Avant". Ich konnte gerade noch sehen, wie sie in eine Seitenstraße einbog. Dieses Manöver wiederholte der gleiche Wagen mehrere Male. Offensichtlich sollte ich nervös gemacht werden. Mir war klar geworden, daß es sich um Gestapo handelte und daß die Verfolger herausfinden wollten, wohin ich fahre. Sie vermuteten wohl, daß ich einer Widerstandsgruppe angehören und sie versorgen würde. Ich hatte Angst, panische Angst. Aber mir war klar: Ich durfte mir nichts anmerken lassen. Ich mußte die Ruhe bewahren. Sie wollten mit mir Katz und Maus spielen. Nur wenn ich weiterfuhr hatte ich eine Chance, meine Verfolger los zu werden. Als ich nach etwa 20 Kilometern vom Rad abstieg, um es an einer Steigung hochzuschieben, überholten sie mich wieder. Sie fuhren am Ortseingang gegenüber dem ersten Haus links an, stiegen aus und gingen auf mich zu. Ich lief einfach weiter. Meine scheinbare Ruhe und Unbekümmertheit hat sie dann offensichtlich davon überzeugt, daß ich nicht zur Resistance gehörte. Sie ließen mich einfach vorbeiziehen. Jahrzehntelang mußte ich diese Verfolgungsszene in meinen Träumen immer und immer wieder erleben und erleiden. Doch daß es mir möglich war, auch in schwieriger Lage nicht in Panik zu verfallen, sondern die Ruhe zu bewahren, hat mir immer geholfen, auch die heikelsten Situationen in meinem Leben zu meistern. Das Denken war niemals ausgeschaltet. Hinzu kam ein sicherer Instinkt für die richtige Reaktion.

Große Ängste stand ich aus, wenn ich in Agen außerhalb der Schule übernachtete. Es war die leerstehende Wohnung des Ehepaares König, das einige Monate zuvor von der Gestapo verhaftet und nach Deutschland verschleppt worden war. Nach dem Krieg erfuhren wir, daß beide in einem Konzentrationslager ums Leben gekommen waren. Der Gestapo-Keller befand sich direkt nebenan. Ich mußte immer befürchten, daß die Wohnung wieder einmal durchsucht werden könnte. Wie so oft, hatte ich auch hier wieder Glück.

Im Sommer 1944 kamen deutsche Soldaten in unser Haus und fragten, ob wir Waffen versteckt hätten. Wir konnten mit gutem Gewissen mit Nein antworten. Ich vermutete, daß der auf dem Hügel liegende Ort ebenfalls durchsucht würde. Ich entschloß mich, Josef Labes aufzusuchen, um zu klären, ob ich etwas für ihn tun könnte. Die erste Sperre überwand ich mit dem Hinweis, daß ich Brot besorgen wollte. Herr Labes bat mich, ein etwa 10 Kilometer entfernt liegendes Lazarett aufzusuchen, in dem verletzte Widerstandskämpfer untergebracht waren und die Evakuierung zu veranlassen. Ich kaufte mir ein Brot, befestigte es auf dem Fahrrad und erweckte den Anschein, nach Hause zu fahren. Damit konnte ich auch die Sperren am Ortsausgang passieren. Nach erfolgter Mission fuhr ich unvorsichtigerweise wieder zurück, damit sich meine Mutter nicht ängstigen müßte. Ausgerechnet an der Stelle der Straße, die neben dem Waffenabwurfplatz lag – ich hatte selbst einmal nachts Wache gestanden, als englische Flugzeuge die Stelle verfehlten –, wurde ich von einer deutschen Patrouille angehalten. Es waren dieselben, die schon im Ort mit mir gesprochen hatten. Sie waren verwundert, mich jetzt hier anzutreffen. Ich erzählte, was zunächst stimmte, daß deutsche Soldaten bei uns im Hause waren und daß wir sie gerne mit Lebensmitteln versorgt hätten. Deswegen sei ich auf die Suche gegangen, hätte aber bei den französischen Bauern kein Glück gehabt. Der befehlende Unteroffizier fand dies sonderbar. Er meinte, ich solle warten, bis der Offizier käme. Zum Glück sagte ein daneben stehender Soldat, man solle mich doch laufen lassen. Der Unteroffizier war einverstanden. So konnte ich weiterfahren. Zwei andere Radfahrer, die später vorbeikamen, wurden dagegen festgehalten. Die Soldaten fanden später versteckte Waffen in einem Haus im Dorf, brannten es ab und nahmen den Eigentümer, drei weitere Dorfbewohner und die beiden Radfahrer mit. Unterwegs stießen sie auf eine Straßensperre, die von Widerstandskämpfern zuvor errichtet worden war. Die deutschen Soldaten zwangen die sechs festgenommenen Männer, auszusteigen und erschossen sie. Ohne die Fürsprache des Soldaten wäre ich das siebte Opfer gewesen! Ein Gedenkstein erinnert an das grausame Geschehen.

Kurze Zeit danach zogen die deutschen Truppen aus Südfrankreich ab. Die „Mannschaft" kehrte aus ihren Verstecken nach Termes d'Amagnac zurück. Wir genossen großes Vertrauen bei der Bevölkerung. So wurde mein Vater beauftragt, mit einem Karabiner den Geldumtausch zu überwachen. In Erinnerung ist mir noch eine gemeinsame Reise nach Aignan, wo wir Paßformalitäten zu erledigen hatten. Weil die Rücktrittbremse an dem Fahrrad inzwischen nicht mehr funktionierte, hatte mein Vater Bedenken, bergab zu fahren. Die Strecke war sehr hügelig. Da ich unbekümmerter war und vielleicht auch mehr Erfahrung mit dem Rad hatte, durfte ich abwärts fahren. Unten angekommen, deponierte ich das Rad am Straßenrand und Vater durfte aufwärts fahren. So konnten die insgesamt 30 Kilometer schneller als zu Fuß zurückgelegt werden.

Wie sich herausstellte, waren die Bedenken meines Vaters nicht unbegründet. Wenige Tage später, als ich einen Feldweg hinunterfuhr, hatte ich keine Chance, eine enge Kurve zu nehmen. Ich fuhr in den Graben. Der Aufprall war so wuchtig, daß ich über eine fast zwei Meter hohe Hecke in eine Wiese hineinflog. Mir ist dabei nichts passiert. Offensichtlich hatte ich wieder einmal einen Schutzengel zur Seite.

Nach bestandenem Abitur nahm ich 1944 mein Rechtsstudium in Toulouse auf. Ich entschied mich für dieses Fach, weil ein Jurist einen Beruf wählen kann, der es ihm ermöglicht, anderen Menschen zu helfen, sei es als Anwalt, bei der Justiz oder in der Verwaltung. Viele französische Anwälte spielten auch in der Politik eine wichtige Rolle. Aus heutiger Sicht muß ich sagen, daß die Entscheidung richtig war.

Inzwischen hatten sich deutsche Emigranten, die untergetaucht waren und überlebt hatten, nach und nach in Toulouse eingefunden und sich dem Komité Freies Deutschland angeschlossen. Die Initiative ging von den Kommunisten aus. Vorsitzender war Herbert Müller, vor 1933 bayerischer Landtagsabgeordneter der KPD und Stadtrat in Ludwigshafen. Sein Stellvertreter war mein Vater. Seine Mitwirkung stieß bei Teilen der Exil-SPD auf scharfe Kritik. Dennoch war es meiner Meinung nach richtig, in der Anfangsphase gemeinsam zu handeln. Das Komité Freies Deutschland hatte ein Abkommen mit der Widerstandsbewegung zum Schutze der Kriegsgefangenen geschlossen. So war es möglich, Initiativen zu ihren Gunsten zu ergreifen. Das frühere Internierungslager Gurs in den Pyrenäen, in das auch viele pfälzische Juden verschleppt worden waren, um von dort in die Vernichtungslager gebracht zu werden, war inzwischen zum Kriegsgefangenenlager umfunktioniert worden. Die Unterkünfte waren miserabel, die Verpflegung katastrophal. Herbert Müller und mein Vater konnten sich anläßlich einer Lagerbegehung persönlich von den grauenhaften Zuständen überzeugen. Durch Vorsprachen bei den zuständigen Militärbehörden gelang es ihnen, bessere Lebensbedingungen für die Gefangenen zu erwirken.

Als es dann um gemeinsame Aktivitäten zur Vorbereitung des Wiederaufbaues eines demokratischen Deutschlands ging, stellte sich bald heraus, daß die Kommunisten das Komité für ihre Zwecke mißbrauchen würden. Mein Vater gab sein Amt zurück und beendete damit die Zusammenarbeit. Herbert Müller, nach dem Kriege für die Kommunisten im Stadtrat von Ludwigshafen und im Landtag von Rheinland-Pfalz, trat 1949 der SPD bei und wurde 1950 Geschäftsführer im Unterbezirk Ludwigshafen. 1983 wurde er Ehrenbürger der Stadt Ludwigshafen.

Während meiner Studienzeit schloß ich Freundschaft mit einer Gruppe aus der katholischen Jugend, ohne allerdings ihrer Organisation beizutreten. Eine organisierte sozialistische Studentenschaft gab es damals noch nicht. Die Diskussionen zeigten eine große Übereinstimmung in gesellschaftspolitischen Fragen. Die Kriegsereignisse wurden aufmerksam verfolgt. Wir alle hatten gehofft, daß es noch viel früher zu einem Waffenstillstand käme. Das lang ersehnte Ende des Krieges am 8. Mai 1945 wurde zu einem riesigen Freudenfest. Die Menschen feierten ausgelassen in allen Straßen. Dennoch gab es noch ein Bangen um Verwandte oder Freunde, die in Gefangenschaft geraten oder verschleppt worden waren. Waren sie noch am Leben? Für die deutschen Emigranten stellte sich die Frage, wie es im zerstörten Deutschland weitergehen würde. Sollten sich die Fehler, die nach 1918 begangen wurden, wiederholen? Trotz der Erleichterung gab es große Zweifel, ob viele Menschen überhaupt überleben würden und ob es gelingen könne, einen funktionsfähigen demokratischen Staat aufzubauen.

Um das Jurastudium bestehen zu können, das drei Jahre dauerte, mußte am Ende eines jeden Studienjahres eine Zwischenprüfung abgelegt werden. Die schriftliche Prüfung fand Ende Mai 1945 statt. Etwa zehn Tage zuvor überquerte ich an einem Samstag zusammen mit meinen Freunden eine Straße in der Innenstadt von Toulouse. Dabei wurde ich von einem Auto, das einem anderen ausweichen wollte, voll erfaßt und durch die Luft geschleudert.

Was dann passierte, weiß ich nur noch aus den Erzählungen meiner Begleiter. Ich wurde mit einer schweren Gehirnerschütterung ins Krankenhaus eingeliefert und hatte mein Gedächtnis verloren. Ich redete wirr und wußte nicht mehr, was passiert war, ja noch nicht einmal mehr, wer ich war. Noch abends war ich so verwirrt, daß ich die Klinik verlassen wollte. Der „Fluchtversuch" scheiterte an der Aufmerksamkeit des Pflegepersonals. Am nächsten Morgen um 5.00 Uhr stand schon einer meiner Freunde am Bett. Und siehe da: Mein Gedächtnis war wiedergekehrt, allerdings nur für kurze Zeit. Es dauerte nicht lange, bis ich wieder die stereotypen Fragen stellte: Wo bin ich? Wer bin ich? Als der nächste Besucher gegen 8.00 Uhr eintraf, war mein Gedächtnis wiederhergestellt. Montags wurde ich schon aus dem Krankenhaus entlassen. Als ich kurze Zeit später mit meinen Freunden an der Unfallstelle vorbeiging, erkundigte sich die Wirtin eines nahegelegenen Cafes, die den Vorfall beobachtet hatte, ob ich tot sei. Sie staunte nicht schlecht, als der Totgeglaubte vor ihr stand.

Acht Tage später begann die zweitägige schriftliche Prüfung, je vier Stunden vor- und nachmittags. Ich fuhr mit der Straßenbahn über Mittag nach Hause um mich auszuruhen. Am ersten Nachmittag funktionierte ein alter Wecker, den ich mir ergattert hatte, nicht. Als ich wach wurde, stellte ich voll Entsetzen fest, daß es schon 14.30 Uhr war. Um 14.00 Uhr hätte ich schon in der Universität sein müssen. Ich steckte schnell mein Tintenfaß in die Hosentasche und sprang – wie gewohnt – in der Kurve vor der Wohnung auf die dort sehr langsam fahrende Straßenbahn auf. Dabei fiel prompt das Tintenfaß auf die Straße. Ich sprang nochmal ab, steckte es wieder in die Hosentasche und sprang wieder auf. Trotz einstündiger Verspätung ließ mich der aufsichtsführende Assistent in den Saal hinein, damit ich meine Prüfungsarbeit schreiben konnte. Er empfahl mir allerdings, zuvor meine Hose zu säubern, da die Tinte ausgelaufen war. Auf dem Flur bot mir ein Student an, mir die Lösung für die zu schreibende Arbeit mitzugeben. Ich lehnte ab, denn dies konnte ich mit meinem Gewissen nicht vereinbaren. Ich war schon dankbar, daß ich überhaupt noch zur Prüfung zugelassen wurde.

Schließlich habe ich trotz allem die 1. Prüfung – wenn auch nicht mit Prädikat – bestanden.

Meinem Vater war es erst im Oktober 1945 vergönnt, nach Deutschland zurückzukehren. Die französischen Besatzungsbehörden wollten seine Rückkehr verhindern. Auch nach 1945 gab es unter ihnen Tendenzen, die Pfalz zu annektieren. Da mein Vater bekanntlich schon 1923 gegen die Separatisten gekämpft hatte, befürchteten sie (zu recht), daß er sich auch diesmal solchen Bestrebungen widersetzen würde. Deshalb bekam er keine Ausreisepapiere, die ihm eine legale Rückkehr in die Pfalz ermöglicht hätten. Dank der Hilfe des Chefs des Deuxième Büro in Sarreguemines, den er aus früherer Zeit kannte, gelang ihm dann der Grenzübertritt. Er erhielt eine Ausweisungsverfügung der Polizei und wurde als unliebsamer Ausländer in Anwesenheit von zwei Gendarmen über die Grenze abgeschoben. Damit konnte er nach Pirmasens zurückkehren. In unserem 1933 beschlagnahmten Haus wohnte noch der Käufer, ein ehemaliger SA-Mann. Mein Vater kam bei Verwandten unter und wartete, bis die Bewohner Anfang Dezember 1945 eine neue Bleibe gefunden hatten und ausgezogen waren. Damit konnten auch meine Mutter und ich nach Pirmasens zurückkehren. Wir bekamen ebenfalls keinen Passierschein. Kurz vor Weihnachten 1945 fuhren wir zu Verwandten nach Forbach, um dort über die Grenze zu gelangen. Eine junge Forbacherin begleitete uns. Wir wurden prompt von einer Patrouille angehalten, die unsere Papiere sehen wollte. Die junge Frau herrschte die beiden an: „Wieso sollen wir Euch unsere Papiere zeigen, ihr kennt mich doch?" Sie waren so verblüfft, daß sie uns weitergehen ließen. Wir waren wieder in der Heimat vereint. Zum dritten Mal mußten meine Eltern einen neuen Haushalt einrichten.

Die Ereignisse vor und nach der Flucht haben meine Entwicklung stark geprägt. Das Verhältnis zu den Eltern war ein anderes als bei den meisten Kindern, die in relativer Geborgenheit aufwachsen. Die gemeinsame Gefahr führte zu einer verschworenen Gemeinschaft, das Eltern-Sohn-Verhältnis entwickelte sich zu einer

Vor dem Hotel in Paris mit seinem Freund Jean Bédrède

Partnerschaft. Dennoch – oder gerade deshalb – hat es nie an Liebe und Zuneigung gefehlt. Meine Eltern haben mir unter den schwierigsten materiellen Verhältnissen eine schulische Ausbildung bis zum Universitätsstudium ermöglicht. Ich fühlte mich zu Hause immer geborgen. Die enge Bindung zu meinen Eltern war auch der entscheidende Grund, warum ich nach Deutschland zurückgekehrt bin. Mein Vater hatte immer gehofft, daß ich mich in der SPD engagieren würde. Wir waren uns einig, daß wir uns vor allem für die Würde des Menschen einsetzen müßten, die im Dritten Reich mißachtet worden war.

An meinem 20. Geburtstag, 13 Jahre nach meiner Flucht, bin ich am 27. August 1946, obwohl ich noch in Paris studierte, der SPD beigetreten, 1947 wurde ich Mitglied der Gewerkschaft ÖTV. Während meines Studiums in Paris trat ich dem Französischen Sozialistischen Studentenbund (Etudiants socialiste) bei. Besonders aktiv wurde ich allerdings nicht. Auch in Paris hatte ich einen kleinen Freundeskreis gefunden. Wir trafen uns nicht nur an der Faculté de Droit, sondern auch regelmäßig sonntags in meinem Zimmer. Auf einem kleinen Kocher bereitete ich für zwei meiner besten Freunde das Essen zu. Nachdem ich nach zweijährigem Studium in Paris die Licence en Droit erworben hatte, kehrte ich im Sommer 1947 nach Deutschland zurück.

DIE STUDENTEN- UND LEHRJAHRE

Bereits in den Sommerferien 1946 und vor allem nach meiner Rückkehr nach Pirmasens begegnete ich jungen Menschen – vor allem Söhnen aus dem früheren Freundeskreis meines Vaters –, die bereit waren, politisch aktiv am Wiederaufbau Deutschlands mitzuwirken. So gab es regelmäßige Begegnungen im Gartenhäuschen in der Maximilianstraße. Damit waren erste Kontakte mit späteren Jungsozialisten und aktiven Gewerkschaftsmitgliedern geknüpft, die auch während meiner Studentenzeit in Mainz teilweise erhalten blieben. Am Anfang hatte ich Schwierigkeiten, mich in die Mentalität meiner deutschen Freunde einzufinden. Mein Denken und Empfinden war durch 14 Jahre Frankreich geprägt. Ich fand mich jedoch relativ schnell zurecht.

Während eines Vortrags bei der Gewerkschaftsjugend über die Gewerkschaftsbewegung in der Welt lernte ich meine spätere Frau Lucia Denig kennen. Sie war Lehrerin, kam aus der katholischen Jugend und gehörte der ÖTV an. Sie beteiligte sich aktiv an der Diskussion. Wir blieben im Gespräch – bis heute. Selbstverständlich war dies keineswegs, denn wir kamen sozusagen aus verschiedenen Welten. Lucia stammte aus einem stark christlich geprägten Elternhaus. Meine Eltern waren überzeugte Sozialdemokraten und aus der Kirche ausgetreten. Dennoch verstanden wir uns auf Anhieb. Wir waren beide Idealisten und wollten beide für mehr soziale Gerechtigkeit kämpfen. Nach vielen intensiven Gesprächen und Diskussionen stellten wir schließlich fest, daß Christentum und freiheitlicher Sozialismus gar keine Gegensätze darstellten, sondern – zumindest politisch gesehen – in die gleiche Richtung zielen.

Denselben Standpunkt vertrat auch Arno Hennig, ein bekannter und führender Sozialdemokrat, der damals zu diesem Thema einen Vortrag hielt, den wir uns beide anhörten. Da wir uns auch sonst gut vertrugen und einander lieb gewannen, wollten wir zusammen durchs Leben gehen. Lucia ist mir bis heute eine verständnisvolle, kompetente aber auch kritische Partnerin. Ihre Meinung war mir immer wichtig. Eine bessere Frau hätte ich nicht finden können.

In Pirmasens lernte ich auch Fritz Schalk kennen, der dort Geschäftsführender Vorsitzender des DGB war. Er übernahm später die gleiche Funktion in Ludwigshafen, war im SPD-Bezirksvorstand und viele Jahre Landtagsabgeordneter und Mitglied des Stadtrates von Ludwigshafen. Fritz Schalk war ein außerordentlich kompetenter, sachlicher und zuverlässiger Partner. Bis zu seinem Tode 1996 waren wir freundschaftlich eng verbunden.

1947 begann ich ein zweites Jura-Studium in Mainz, da die Licence en Droit für die Aufnahme in den Vorbereitungsdienst als Referendar nicht anerkannt wurde. Allerdings wurden drei Semester auf die sieben, die ich in Deutschland bis zur Staatsprüfung nachweisen mußte, angerechnet. So konnte ich bereits im Februar 1950 das Studium beenden.

Mein Vater war inzwischen Vorsitzender des DGB – Landesbezirk Rheinland-Pfalz mit Sitz in Mainz. 1948 nahmen meine Eltern eine Zweitwohnung in Mainz, in der ich ein eigenes Zimmer bewohnte.

Nicht nur die knappe Zeit zur Vorbereitung auf diese Prüfung, sondern auch meine mangelhaften deutschen Sprachkenntnisse stellten ein großes Problem dar. Hinzu kamen meine Aktivitäten bei der Gründung und der Leitung der Arbeitsgemeinschaft sozialistischer Studenten in der SPD. Politische Aktivitäten an der Universität waren von der Besatzungsbehörde untersagt – aber der Hinweis auf die SPD, die seit 1946 wieder zugelassen war, führte dazu, daß unsere Organisation wenigstens geduldet wurde. Mitbegründer war Hans Bardens, mit dem ich mich in der Führung abwechselte. Mit Hans Bardens, der Medizin studierte, lange Jahre als Arzt tätig war, Bundestagsabgeordneter des Wahlkreises Ludwigshafen wurde und lange Jahre dem Stadtrat angehörte, besteht heute noch eine herzliche Freundschaft. Unsere Bemühungen, innerhalb der Universität Mitglieder zu gewinnen, waren nicht besonders erfolgreich. Es blieb bei einem kleinen, aber aktiven Kreis. Einige von uns haben später verantwortungsvolle Funktionen übernommen. So wurde Karl Rheinwalt Oberbürgermeister in Pirmasens und Hans-Josef Horchem Leiter des Verfassungsschutzamtes in Hamburg. Unsere Themen waren naturgemäß vor allem die Bildungs- und Universitätsreform.

Wir beschäftigten uns damals auch mit den Schriften von Karl Marx, die uns durchaus beeindruckt haben. Die marxistische Ideologie lehnten wir jedoch ab. Sie konnte nicht Grundlage für den Aufbau eines demokratischen Staates sein. Das Verhalten der Kommunisten in Deutschland vor 1933, vor allem aber die Entwicklung in der Sowjetunion zeigte deutlich, wohin diese Doktrin führt. Die SPD hatte in der praktischen Politik eine klare Trennungslinie zu den Kommunisten gezogen. Es schien uns notwendig, dies auch theoretisch durch ein neues Programm zu dokumentieren. Dem entsprach das Godesberger Programm, das im November 1959 beschlossen wurde.

Die Kommunistische Partei hatte ihre Hoffnung nicht aufgegeben, auch in den von den westlichen Alliierten besetzten Gebieten die bestimmende Kraft zu werden. Wenn dies schon mit der offiziellen Sozialdemokratie nicht möglich war, so versuchten die Kommunisten Organisationen, die aus der Arbeiterbewegung entstanden waren oder der SPD nahestanden, zu unterwandern. Darum mußte ich einige Mitglieder ausschließen lassen, als ich erkannte, daß sie den SDS in eine kommunistische Organisation umfunktionieren wollten – was leider einige Jahre später gelungen ist, so daß heute die Mitgliedschaft im SDS mit der in der SPD unvereinbar ist.

Wir hatten uns als SDS zum Ziel gesetzt, zur Versöhnung mit den früheren Kriegsgegnern und zur Überwindung der Isolierung, in die wir auch gegenüber dem neutralen Ausland geraten waren, beizutragen. Dies war wichtig für den Wiederaufbau Deutschlands, der nur in der Gemeinschaft der Völker erfolgen konnte. Gleichzeitig war dies eine Chance, ein vereintes Europa zu schaffen und damit eine Wiederholung der schrecklichen Kriege zu verhindern. Deshalb waren Kontakte mit gleichgesinnten ausländischen Studenten unabdingbar. So fuhren Hans Bardens und ich zu dem ersten internationalen Studententreffen nach Barsbüttel bei Hamburg. Organisator des Treffens war Helmut Schmidt, Bundesvorsitzender des SDS. Hauptthema war, wie konnte es anders sein, die Versöhnung mit den Nachbarn und die Anerkennung Deutschlands als Partner für die Gestaltung einer Völkergemeinschaft, die eine demokratische und friedliche Entwicklung in der Welt garantieren könne. Diese Begegnung hatte in vielerlei Hinsicht nachhaltige Auswirkungen. Viele der Teilnehmer haben später – vor allem in den skandinavischen Ländern – führende Positionen übernommen und zur Verständigung mit Deutschland beigetragen. Ich übertreibe nicht, wenn ich behaupte, daß in Barsbüttel ein wichtiger Grundstein für die europäische Einigung gelegt wurde, wenn es auch leider noch nicht zu einem politisch vereinten Europa gekommen ist. Der nüchterne und treffsichere analytische Verstand von Helmut Schmidt hat nicht nur mich stark beeindruckt. Vorträge und Diskussionen mit den Teilnehmern haben nicht unwesentlich zu meiner Persönlichkeitsentwicklung beigetragen. Helmut Schmidt hat 45 Jahre später die Festrede bei meiner Verabschiedung als Oberbürgermeister gehalten.

Auf dem Weg nach Barsbüttel hatten Hans Bardens und ich illegal die damalige Zonengrenze passiert, weil uns die französischen Besatzungsbehörden keinen Passierschein ausstellten. Vermutlich haben sie unsere Reise stillschweigend geduldet. Allerdings wurde Hans Bardens nach seiner Rückkehr von der Sureté in Ludwigshafen vorgeladen und durfte erst wieder gehen, nachdem er einen schriftlichen Bericht über das Treffen angefertigt hatte.

Internationales Studententreffen in Barsbüttel

Wir hatten unsererseits von Mainz aus im gleichen Jahr eine Begegnung mit ausländischen – überwiegend französischen – Studenten in Elmstein organisiert. Commandant Kleinmann, der eng mit meinem Vater kooperierte, besorgte uns Lebensmittel. Ohne seine Hilfe wäre das Treffen nicht möglich gewesen. Große Sorgen bereitete uns die Finanzierung. Die meisten Teilnehmer lebten in bescheidenen Verhältnissen. Um die Unkosten decken zu können, suchten wir finanziell besser gestellte Parteifreunde auf und erbaten eine Spende. Nicht alle waren besonders großzügig. Dennoch fehlte uns nur noch ein geringer Betrag, den uns die NATUR-FREUNDE schließlich stundeten. Hans Bardens und ich haben dann, nachdem wir unser erstes Geld verdient haben, die „Schulden" getilgt! Da – wie erwähnt – die meisten ausländischen Studenten aus Frankreich kamen, war die Versöhnung unserer beiden Länder das Hauptthema der Gespräche. Es waren erste bescheidene Kontakte, die jedoch dazu beitrugen, die Vorbehalte gegen Deutschland abzubauen. Damals geknüpfte persönliche Freundschaften sind bis zum heutigen Tag erhalten geblieben.

Wie intensiv die Sureté meinen Vater überwachte, kam auf sonderbare Weise zu Tage. Im Laufe des Jahres 1948 sollte er mit der ersten Gewerkschaftsdelegation unter Hans Böckler in die Vereinigten Staaten reisen. Dazu brauchte er ein Visum von einer amerikanischen Dienststelle in Frankfurt. Der Reisebeginn kam immer näher. Alle übrigen Delegierten hatten bereits ihr Visum erhalten, nur das für meinen Vater fehlte noch. Meine Mutter fuhr kurzentschlossen nach Frankfurt und sprach bei dem zuständigen Offizier vor. Sie fragte ihn, warum ihr Mann immer noch kein Visum bekommen hätte. Seine Antwort lautete: „Sie müssen sich mal die Akten ihres Mannes ansehen, was da alles aufgeführt ist". Er überreichte ihr die Akte. Meine Mutter klemmte kurzerhand das Schriftstück unter den Arm und fuhr nach Mainz zurück. Meine Eltern konnten in aller Ruhe den Inhalt studieren. Es stellte sich heraus, daß mein Vater Tag und Nacht überwacht wurde. Negative Anmerkungen waren aber nicht zu entdecken. Am nächsten Tag brachte meine Mutter die Unterlagen nach Frankfurt zurück. Sie konnte den

Werner Ludwig und Hans Bardens nach ihrer Studentenzeit

Offizier davon überzeugen, daß nichts enthalten sei, was eine Verweigerung des Visums gerechtfertigt hätte. Sie konnte es dann gleich mitnehmen.

Während meiner Studentenzeit hatte ich das Glück, eine Einladung für einen dreiwöchigen Aufenthalt in WILTON PARK (in der Nähe von London) zu erhalten. Die britische Regierung hatte noch während des Krieges eine Schulungsstelle eingerichtet, um deutschen Kriegsgefangenen das englische Demokratie- und Geschichtsverständnis zu vermitteln. Auch nach dem Krieg blieb die Einrichtung erhalten. Teilnehmer waren dann vor allem Deutsche, die schon in der Verantwortung standen oder hineinwachsen würden und bereit waren, beim Aufbau der Bundesrepublik mitzuwirken.

Dieser Aufenthalt hat mir wichtige Erkenntnisse gebracht und ebenfalls mein Denken mitgeprägt. In einfacher Weise wurden komplizierte Zusammenhänge deutlich gemacht. Der Tutor stellte einen Wasserkessel mit Pfeifdeckel auf den Herd. Der Pfeifton setzte erst einige Zeit nach dem Kochen des Wassers ein und hielt noch einige Zeit an, als das Wasser aufgehört hatte zu kochen. Damit wurde das sogenannte „time lag" veranschaulicht. Dieses Phänomen der Zeitversetzung wurde auf das Beispiel der jüngsten deutschen Geschichte übertragen. Die demokratischen Regierungen der Weimarer Republik wurden von den Alliierten so behandelt, als ob sie den ersten Weltkrieg und seine verheerenden Folgen verschuldet hätten, obwohl das Kaiserreich für das Geschehen verantwortlich war. Nach und nach verbesserte sich das Verhältnis zu Deutschland. Davon profitierten nicht mehr die demokratischen Kräfte, sondern Hitler, der die Nachsicht und Hilfe erfuhr, die Weimar gebraucht hätte. Es war zu befürchten, daß nach dem Zweiten Weltkrieg die Alliierten sich ähnlich verhalten würden und daß das demokratische Deutschland für die Greueltaten Hitlers verurteilt werden sollte. Vermutlich war es nicht die Lehre der Geschichte, sondern der Druck der Sowjetunion und die Angst vor dem Kommunismus, die eine Bestrafung der Falschen verhindert haben. Auf den persönlichen Bereich übertragen bedeutet die Lehre aus „time lag", niemals jemanden für die Fehler seines Vorgängers verantwortlich zu machen. Ich habe mich stets bemüht, diese Erkenntnis umzusetzen, auch wenn es nicht immer ganz einfach war, die jeweilige Verantwortung klar zu erkennen. Dadurch ist mir manche Konfrontation, aber auch Fehlentscheidung erspart geblieben.

Ein Schwerpunktthema war die Analyse des Handelns aus einem kurzfristigen Nutzen. An vielen geschichtlichen Beispielen wurde aufgezeigt, wie nachteilig, ja verheerend sich Entscheidungen ausgewirkt haben, die wegen eines Augenblickserfolges getroffen wurden. Nur, wer bereit ist, langfristig zu planen und zu handeln, kann auf die Dauer erfolgreich sein. Populismus ist zwar eine Möglichkeit, Menschen für sich einzunehmen. Parteien werden unglaubwürdig, wenn Aussagen im Gegensatz zur Realität stehen oder wenn dringend notwendige Maßnahmen aus Angst vor öffentlichen Reaktionen oder dem Schielen auf die nächste Wahl nicht in Angriff genommen werden. Das demokratische System ist jedoch auf das Vertrauen der Bürger angewiesen. Diese Erkenntnis hat meine innere Einstellung gefestigt, auch unangenehme Dinge auszusprechen und mit Nachdruck für die eigene Überzeugung einzutreten und zu kämpfen, auch wenn dies mit Ärger oder gar Nachteilen verbunden war.

Beeindruckt hat mich auch die selbstverständliche Gleichbehandlung aller Teilnehmer. Ein Student (in dem Fall Werner Ludwig) spülte das Geschirr zusammen mit einem Regierungspräsidenten. In meinem ganzen Leben war für mich nie entscheidend, welche Stellung jemand in der Gesellschaft einnimmt, sondern ob ein Mensch die von ihm wahrgenommenen Aufgaben nach bestem Vermögen erfüllt. Deshalb konnte ich mich in allen Schichten der Bevölkerung zurechtfinden und auf die Menschen zugehen. Der Respekt, den ich ihnen entgegenbrachte, wurde erwidert. Dies war eine wichtige Voraussetzung für eine erfolgreiche Arbeit.

Hochzeitsbild 19. Juli 1952

DIE ERSTEN BERUFSJAHRE

Nach bestandener Erster Staatsprüfung im Februar 1950 begann die Referendarzeit. Ich entschloß mich, einen Teil der Referendarzeit im Oberlandesgerichtsbezirk Koblenz zu absolvieren, zu dem auch die Ausbildungsstationen des Landesgerichtsbezirks Mainz gehörten. Dadurch konnte ich weiterhin bei meinen Eltern in Mainz wohnen. Meine Mutter war darüber sehr glücklich, zumal mein Vater selten zu Hause war. Sie kümmerte sich nicht nur um mich, sondern auch um die Freunde, die sich häufig bei uns einfanden. Dadurch blieb der Kontakt zum SDS erhalten.

1952 haben Lucia und ich geheiratet. Da ich nicht getauft war, benötigten wir für die kirchliche Trauung eine Ausnahmegenehmigung des Papstes, die uns auch erteilt wurde. Wir bezogen eine kleine Wohnung in meinem Elternhaus in Pirmasens. Die Referendarzeit war für alle Opfer des Nationalsozialismus um ein Jahr auf zweieinhalb Jahre verkürzt worden. So mußte ich intensiv arbeiten und konnte mich nicht aktiv in das politische Leben einschalten. In dieser Zeit schrieb ich auch meine Dissertation, wofür ich mich drei Monate beurlauben ließ. Im Februar 1954 legte ich dann die Zweite Staatsprüfung ab. Die Promotionsschrift war inzwischen fertiggestellt. Die mündliche Prüfung konnte ich allerdings erst 1955 ablegen.

Das Thema der Arbeit lautete: „Regierung und Parlament im Frankreich der IV. Republik" mit dem Untertitel „Verfassungsnorm und Verfassungswirklichkeit".

Gruppenbild mit Dame
Referendarlehrgang in Cochem Mitte 1953 – letzte Chance,
sich vor dem Beruf noch einmal auszutoben!

Daß ich mich für dieses Thema entschied, hatte zwei Gründe: Zum einen konnte kaum ein anderer Doktorant eine ähnliche Arbeit schreiben. Dazu waren französische Sprach- und Rechtskenntnisse erforderlich. Zum anderen konnte diese Arbeit Erkenntnisse bringen, die für die verfassungspolitische Entwicklung der Bundesrepublik lehrreich sein konnten. Wenn ich später eine politische Funktion übernehmen sollte, würde ich das politische Geschehen besser beurteilen und mir eine fundierte Meinung bilden können.

Obwohl sich meine Dissertation mit verfassungspolitischen Fragen befaßte, wollte ich zunächst Erfahrungen in der Kommunalverwaltung sammeln. Der Innenminister des Landes Rheinland-Pfalz, Dr. Alois Zimmer, bei dem ich mich vorstellte, bot mir eine Assessorenstelle in einem Landratsamt in der Eifel an. Davon war ich allerdings nicht begeistert, denn die Eifel schien mir eine konservative Region ohne politische Perspektiven zu sein. Ich konnte mir auch als Pfälzer nicht vorstellen. dort zu leben. Mein Vater schlug mir deshalb vor, eine Funktion beim DGB in Düsseldorf in der Abteilung Arbeit und Soziales zu übernehmen. Zuständiges Vorstandsmitglied war Willi Richter. Ihm schwebte vor, daß ich einen Entwurf für ein neues Arbeitsgesetzbuch ausarbeiten sollte. Mit dieser Aufgabe fühlte ich mich allerdings überfordert. Meine Kenntnisse aus der Studienzeit waren theoretischer Natur und während meiner Referendarausbildung spielte das Arbeitsrecht kaum eine Rolle. Ich war überzeugt, daß ohne Praxis keine brauchbaren Ergebnisse zustande kommen würden. Als ich meine Absicht bekundete, den Arbeitsplatz zu wechseln, erhielt ich das Angebot, als Vertreter des DGB zum Internationalen Arbeitsamt nach Genf zu wechseln. Ich entschied mich jedoch für eine praxisbezogene Tätigkeit. Damals war eine Stelle bei der Landesversicherungsanstalt in Speyer als Referatsleiter für Rentenangelegenheiten frei, die mir auf meine Bewerbung hin übertragen wurde.

Neben der Leitung der Rentenabteilung hatte ich gelegentlich die LVA beim Sozial- und Landessozialgericht zu vertreten. Außerdem war ich Leiter der Deutsch-Französischen Verbindungsstelle, die zuständig war für Rentenberechnungen, wenn ein Antragsteller auch Versicherungszeiten in Frankreich nachweisen konnte. Dies brachte mir die Mitgliedschaft bei der Grenzgänger-Kommission ein, in der alle offenen Fragen zwischen den Sozialversicherungsträgern beider Länder behandelt wurden. Dort waren auch Vertreter des Arbeitsministerium in Bonn eingebunden, die mich dadurch kennenlernten. Dies war offensichtlich der Grund, warum ich 1955 gebeten wurde, an Verhandlungen über ein deutsch-französisches Versicherungs-Abkommen in Paris teilzunehmen. Dabei kamen mir meine französischen Sprach- und Rechtskenntnisse, aber auch meine Emigrationszeit zugute. Der französische Delegationsleiter war Jude und glaubte, mit dem Hinweis auf die Judenvernichtung im Dritten Reich Druck auf die deutsche Delegation ausüben zu können. Ich machte ihm klar, daß die abscheulichen Verbrechen an den Juden kein Thema für unsere Verhandlungen sein könnten. Man müsse sonst auch darüber reden, daß Kommunisten und Sozialdemokraten noch vor den Juden in Konzentrationslager gebracht wurden und viele dort ebenfalls umgekommen sind. Damit war die Diskussion zu diesem Thema im Rahmen unserer offiziellen Gespräche beendet. Nach 14 Tagen stand das Vertragswerk, das in seinen Grundzügen bis heute gehalten hat.

Mein Auftreten bei diesen Verhandlungen – vor allem meine praxisbezogenen Fachkenntnisse – veranlaßten den deutschen Delegationsleiter, mir vorzuschlagen, zum Arbeitsministerium nach Bonn zu wechseln. Dort war die Referatsstelle für die Koordinierung aller Sozialversicherungsangelegenheiten im frankophonen Bereich (Frankreich, Belgien, Luxemburg) vakant. Eigentlich hatte ich Bedenken, in eine „ministerielle Bürokratie" eingebunden zu sein. Es mag zwar voreingenommen klingen, aber ich befürchtete eine gewisse Enge, die mich daran hindern würde, selbst initiativ zu werden und gestalterisch tätig zu sein. Ich ließ mich dennoch überreden, zu einem Vorstellungsgespräch ins Ministerium zu kommen, dem meine Personalakte vorher zugesandt worden war. Der zuständige Personalreferent fragte mich nach meiner Partei- und Gewerkschaftszugehörigkeit. Er wollte wissen, ob ich nicht in eine Konfliktsituation geraten würde, wenn ich als SPD-Mitglied unter einem CDU-Minister arbeiten müßte. Ich versicherte ihm, daß ich die Konsequenzen ziehen und mir einen anderen Arbeitsplatz suchen würde, falls ich eine Entscheidung nicht mittragen könnte, was mir bei dieser Tätigkeit kaum vorstellbar erschien. Offensichtlich konnte er dies noch verkraften. Schließlich waren damals einige Alibi-Sozialdemokraten und Gewerkschafter durchaus erwünscht. Völlig fassungslos aber reagierte mein Gesprächspartner, als er beim Lesen unserer Heiratsurkunde feststellte, daß ich konfessionslos war. Er blickte auf, sah mich an und rief aus: „Ach, Sie sind ja konfessionslos". Von diesem Moment an war mir klar, daß ich die Stelle beim Ministerium nicht bekommen würde (was mir übrigens ganz recht war). Als ich abends meiner Frau meinen Eindruck schilderte, wollte sie nicht an eine Absage glauben. Einige Wochen später bekam ich einen Anruf des stellvertretenden Abteilungsleiters mit dem (nicht zutreffenden) Hinweis, man hätte dem Ministerium jemanden von außerhalb zugeteilt. Nach meinen Erkenntnissen war die Stelle dann zwei Jahre unbesetzt. Immerhin war glücklicherweise kein „Gottloser" in das Ministerium eingedrungen. Inzwischen ist die Bundesrepublik in dieser Hinsicht wesentlich liberaler geworden.

Meine Frau war im April 1955 mit unserer kleinen Tochter Simone nach Speyer nachgekommen, wo ich durch die LVA eine Wohnung erhalten hatte. Trotz der vielen beruflichen Aktivitäten – ich war auch noch Redakteur der „Hauszeitung" – hatten wir eine ruhige Zeit. Meine Frau holte mich oft gegen 18.00 Uhr im Büro ab. Die Samstage und Sonntage gehörten der Familie. Wir besuchten oft die Eltern in Pirmasens. Zwar gingen wir hin und wieder zu Parteiveranstaltungen, Funktionen in der Partei hatte ich jedoch nicht übernommen. Speyer ist eine Stadt mit langer Tradition und ausgeprägtem Bürgerbewußtsein, in der es für „Zugereiste" nicht ganz leicht ist, in eine politische Verantwortung hineinzuwachsen.

Im Frühjahr 1956 wurde ich gefragt, ob ich bereit wäre, zur Stadtverwaltung Ludwigshafen zu wechseln. Friedrich-Wilhelm Wagner, der damalige Bundestagsabgeordnete und spätere Vizepräsident des Bundesverfassungsgerichts, hatte sich an meinen Vater gewandt mit dem Hinweis, man könne in Ludwigshafen einen jungen engagierten Mann gut gebrauchen. Ich sollte Leiter des Ausgleichsamtes werden. Ich erbat mir einen Termin bei dem damaligen Präsidenten der Landesversicherungsanstalt, Hermann Langlotz, der mit meinem Vater befreundet war. Ich fragte ihn, was er von diesem Angebot hielte, ob ich es annehmen oder doch lieber bei der LVA bleiben solle. Er sagte dazu wörtlich: „Wenn Sie hierbleiben, werden Sie eines Tages mein Nachfolger, wenn Sie nach Ludwigshafen gehen, werden Sie dort Oberbürgermeister"! Neun Jahre später war es soweit.

Der damalige Oberbürgermeister von Ludwigshafen, Werner Bockelmann, lud mich zu einem Vorstellungsgespräch ein. Offensichtlich war er mit mir zufrieden. Am 1. September 1956 trat ich meinen Dienst an. Ich wollte so schnell wie möglich umziehen. Ich suchte den früheren Oberbürgermeister Valentin Bauer auf, der viele Jahre neben seinem Hauptamt ehrenamtlich die Gemeinnützige Aktiengesellschaft für Wohnungsbau (GAG) – mit mehrheitlicher städtischer Beteiligung – leitete. Er erklärte mir, daß es wohl kaum möglich sei, mir in absehbarer Zeit eine Wohnung zu besorgen. Trotzdem konnte ich einen Monat später umziehen. Valentin Bauer gehörte zu den Menschen, die mehr hielten als sie versprachen. Es war ein Glück für Ludwigshafen, daß er nach dem Krieg die Geschicke der Stadt bestimmen konnte. Sein Gespür für das Notwendige und Machbare, seine Unerschrockenheit auch gegenüber den Besatzungsbehörden, seine Lebenserfahrung und die engen Kontakte zur Bevölkerung ermöglichten es ihm, die Not der Menschen zu lindern und den Wiederaufbau der zerstörten Stadt zügig voranzutreiben. Nach seiner Pensionierung habe ich ihn mehrmals bei seiner Tochter in Bad Kreuznach besucht. Dank seines phänomenalen Gedächtnisses, das er sich bis zu seinem Tode erhalten hat, konnte ich von ihm viel über Ludwigshafen erfahren.

Der väterliche Freund – Sozial- und Wohnungsdezernent
Peter Trupp

Mein unmittelbarer Vorgesetzter war Bürgermeister Peter Trupp, der das Sozialdezernat leitete, zu dem das Ausgleichsamt gehörte. Dieses war in einem Gebäude in der Innenstadt untergebracht, während sich das Büro des Sozialdezernenten zusammen mit dem Sozial- und Jugendamt im Don-Bosco-Haus im Hemshof befand. Peter Trupp, der für mich ein väterlicher Freund war, bat mich, für ihn zusätzlich als persönlicher Referent tätig zu sein, wenngleich es diese Funktion offiziell noch nicht gab. Außerdem war ich der einzige Jurist im Dezernat, so daß ich ihn in Rechtsfragen beraten konnte. Ich erhielt ein zusätzliches Zimmer in seiner unmittelbaren Nachbarschaft, so daß eine enge Kooperation möglich war.

Die Einarbeitung in das Ausgleichsrecht war außerordentlich schwierig. Neben dem Gesetz gab es unzählige Verordnungen, Richtlinien und Erlasse. Zum Glück waren auch hier hervorragende Mitarbeiter beschäftigt, ohne die ich mich in diese schwierige Materie nicht hätte einarbeiten können. Vor allem Hanns Schlosser, der später Amtsleiter wurde, unterstützte mich tatkräftig auch gegenüber skeptischen Kollegen. Aus dieser Zusammenarbeit sind persönliche Bindungen entstanden, die bis zu seinem Tod gehalten haben.

DER SOZIALDEZERNENT

Zum 31. Januar 1958 schied Peter Trupp aus dem Amt des Sozialdezernenten aus. Die SPD-Fraktion entschied sich einmütig für mich als Nachfolger, nachdem vor allem Willi Kußmaul mit Nachdruck für mich eingetreten war und eine andere Kandidatin ihre Bewerbung zurückgezogen hatte. Mein Amt als Beigeordneter und Sozialdezernent trat ich am 1. Februar 1958 an. Zum gleichen Zeitpunkt übernahm Erich Reimann, Leiter des Hauptamtes, das Ordnungs- und Krankenhaus-Dezernat und war für den Sport zuständig.Wir haben in den gemeinsamen Jahren freundschaftlich zusammengearbeitet. Nach dem Wechsel von Werner Bockelmann als Oberbürgermeister nach Frankfurt war seit 1957 Dr. Hans Klüber Stadtoberhaupt.

Durch die Zusammenarbeit mit Peter Trupp war ich auf die neue Aufgabe in einer Stadt mit einer großen sozialen Tradition gut vorbereitet. Eine schier unlösbare Aufgabe war die Wohnungsversorgung. Ludwigshafen war im Krieg zu 72 % zerstört worden. Hilfe von den französischen Besatzungsmächten war – auch angesichts der schwierigen Lage in Frankreich – in den ersten Jahren nicht zu erwarten. Die wirtschaftliche Aufwärtsentwicklung hat sich deshalb sehr viel langsamer vollzogen als in der amerikanischen und englischen Besatzungszone. Erst durch den MARSHALL-PLAN konnte auch in Ludwigshafen der Wiederaufbau angekurbelt werden. Ende der 50er und Anfang der 60er Jahre kam ein riesiger Flüchtlingsstrom aus der damaligen DDR. Zahlreiche Vertriebene und Auswanderer aus den osteuropäischen Ländern siedelten sich in der Bundesrepublik an. Das führte in Ludwigshafen zu einem

*Der Sozialdezernent besichtigt zusammen mit Oberbürgermeister
Dr. Hans Klüber und Justizrat Friedrich-Wilhelm Wagner
(vorne rechts) einen neuen Kindergarten*

Einwohnerzuwachs von bis zu 5000 Menschen pro Jahr. Viele Familien mußten in Lager eingewiesen werden. Turnhallen wurden in Schlafsäle umgewandelt. Später wurden die Familien in angemieteten Appartements untergebracht. Um die Aufenthaltsdauer zu verkürzen, aber auch um den Wohnungsbedarf vieler Ludwigshafener Familien zu decken, mußten so viele Mietwohnungen wie möglich gebaut werden. Unter Valentin Bauer und Peter Trupp hatte die städtische Wohnungsbaugesellschaft (GAG) eine erste größere Siedlung errichtet, die später nach Valentin Bauer benannt wurde. Dort erhielten wir auch unsere erste Wohnung. Mit Hilfe von Bundes- und Landesmitteln konnte ein zweites größeres Wohnungsbauprojekt, die Ernst-Reuter-Siedlung, verwirklicht werden. Willy Brandt – damals Regierender Bürgermeister von Berlin – legte 1960 den Grundstein für das erste Mehrfamilienhaus der GAG. In diesem Gebiet hatten wir nach nur viermonatiger Bauzeit am 1. September 1959 als erste „Siedler" unser Einfamilienhaus in der Pommernstraße bezogen, das wir heute noch bewohnen. Das Baugelände war nur über eine freiwillige Umlegung zu bekommen. Der Bebauungsplan mußte darauf Rücksicht nehmen. Wer nachträglich daran Kritik übt, sollte wissen, unter welchem Zeitdruck die damals Verantwortlichen handeln mußten. Persönlich bin ich überzeugt, daß trotz mancher Probleme in der späteren sozialen Struktur das Konzept der Ernst-Reuter-Siedlung – ein verdichteter Kern mit einer aufgelockerten Randbebauung – richtig war. Wir fühlen uns in diesem Gebiet jedenfalls bis heute sehr wohl.

Bis zum Beginn der 90er Jahre gab es immer noch einen großen Bedarf vor allem an preisgünstigen Wohnungen, trotz außerordentlicher Bauleistungen sowohl durch die städtische Wohnungsbaugesellschaft als auch durch die BASF-Gesellschaften und von privater Seite. Von 1956 bis 1995 wurden rund 40 000 Wohnungen gebaut oder erneuert. In den letzten Jahren hat das Problem etwas an Brisanz verloren. Doch die Miethöhe, auch von Sozialwohnungen, macht es noch heute vielen Bürgern schwer, eine familiengerechte Wohnung zu beziehen.

In meine Sprechstunden, die zweimal wöchentlich stattfanden, kamen in erster Linie Wohnungssuchende. Vielen konnte ich leider nicht helfen. Dennoch begegne ich heute noch Menschen, die sich dankbar erinnern und mir sagen: „Sie haben mir damals eine Wohnung verschafft". Den Mangel zu verteilen ist keine einfache Aufgabe. Eine Episode ist mir besonders in Erinnerung geblieben. An einem Sprechtag unterrichtete mich meine damalige Sekretärin, Frau Kleinbub, daß eine der anwesenden Frauen erklärt habe, sie würde dafür sorgen, daß ich die Polizei holen müsse. Ich bat Frau Kleinbub, die Dame hereinzubitten. Ich würde mir zutrauen, mit ihr einig zu werden. Es handelte sich um eine alleinstehende Frau, die wegen Eigenbedarfs aus ihrer Wohnung herausgeklagt worden war. Die Stadt hatte sie in einen Raum in einem alten städtischen Haus eingewiesen. Sie erklärte mir, dieser Raum habe zu viele Mängel, weshalb sie da nicht einziehen würde. Sie wolle so lange in meinem Büro bleiben, bis ich ihr eine andere Wohnung besorgt hätte. Sie konnte mithören, wie ich unsere Werkstatt beauftragte, die vorgetragenen Mängel sofort zu beheben – was dann auch geschah. Außerdem erklärte ich mich bereit, ihr so früh wie möglich eine angemessene Wohnung zur Verfügung zu stellen. Zunächst schien sie sich mit dieser Lösung zufrieden zu geben. Sie ging auf die Tür zu, kehrte dann allerdings zurück und sagte, sie werde sitzen bleiben, bis sie eine andere Wohnung bekomme. Daraufhin erklärte ich ihr, daß mich ihre Anwesenheit überhaupt nicht störe, denn ich könne meine Akten auch in ihrem Beisein bearbeiten. Sie war so überrascht, daß sie ihren „Sitzstreik" aufgab und den Raum verließ. Hätte ich versucht, dieses Ziel mit polizeilicher Gewalt zu erreichen, hätte es durch einen Mitleidseffekt eine große Empörung unter den anwesenden Wohnungssuchenden gegeben und die Angelegenheit hätte womöglich öffentliches Aufsehen erregt.

Nach dem Krieg gab es noch mehrere Barackensiedlungen. Zusammen mit dem damaligen Leiter des Wohnungsamtes, Günther Janson, ist es gelungen, die Bewohner anderweitig unterzubringen. Eine neue Wohnung führt leider nicht unbedingt zur

Integration in die Wohnumgebung. Es gibt Menschen, die einer intakten Hausgemeinschaft nicht zumutbar sind oder ihren Mietverpflichtungen nicht nachkommen und deshalb obdachlos werden. Auch für diesen Personenkreis müssen menschenwürdige Wohnungen bereitgestellt werden. Durch eine intensive Betreuung muß darüber hinaus versucht werden, die familiäre Situation zu verbessern. Die freien Träger der Wohlfahrtsverbände haben sich außerordentlich um diese Menschen gekümmert. Ohne sie wären auch viele andere soziale Hilfestellungen in unserer Stadt nicht möglich gewesen.

Absoluter Mangel herrschte in den fünfziger Jahren an Kindergartenplätzen. 1958 gab nur einen einzigen städtischen Kindergarten. Die konfessionellen Kindergärten waren überfüllt. Eines meiner nachdrücklichsten Erlebnisse hatte ich, als ich zusammen mit Frau Helene Grefraths, der Geschäftsführerin des Caritasverbandes, die meine Bemühungen um die Verbesserung der Kindergartenverhältnisse sehr unterstützte, einen Kindergarten besuchte, in dem siebzig Kinder in einer Gruppe untergebracht waren. Die Schwester war gerade aus dem Raum gegangen. Die Kinder saßen brav an ihrem Tisch und rührten sich nicht. Wahrscheinlich hatte ihnen die Schwester erzählt, daß der Bürgermeister zu Besuch käme und sie deshalb ganz besonders lieb sein sollten. Tatsächlich war ich beeindruckt, allerdings eher negativ. Doch was blieb einer einzigen pädagogischen Kraft für 70 Kinder anderes übrig, als die Ordnung mit äußerster Disziplin aufrechtzuerhalten. Abhilfe konnte nur durch den Bau von Kindergärten und die Einstellung zuästzlicher pädagogischer Kräfte geschaffen werden. Für jeden Stadtteil wurden Standorte ausgesucht mit möglichst kurzen Wegen für die Kinder aus dem jeweiligen Einzugsbereich. Mit den konfessionellen Trägern konnte bezüglich der Trägerschaft an den einzelnen Standorten relativ schnell eine Einigung erzielt werden, lange bevor es ein Landeskindergartengesetzt gab. Durch eine vernünftige Zusammenarbeit aller Träger konnte der Bedarf an Kindergartenplätzen in Wohnnähe zum frühestmöglichen Zeitpunkt befriedigt werden.

Erster Spatenstich für einen neuen Kindergarten.
Horst Schork, Günther Janson und Werner Ludwig in gemeinsa-
mer Aktion (im Hintergrund: Kurt Rillig und Heinrich Ries)

Gleichzeitig wurden die Zuschuß-Richtlinien geändert. Die Zuschüsse für konfessionelle Träger wurden nicht mehr nach der Zahl der betreuten Kinder, sondern der Betreuungskräfte gewährt. Dies war zunächst auf harte Kritik von seiten der CDU gestoßen, die darin eine Benachteiligung der konfessionellen Kindergärten sah. In Wirklichkeit war dieses System nicht nur gerechter, sondern führte zu einer erheblichen Aufstockung der städtischen Mittel. Mit der Bildung kleinerer Gruppen und der damit verbundenen stärkeren pädagogischen Betreuung wurde die Finanzhilfe der Stadt erheblich aufgestockt. Das Land hatte den Vorteil dieser Regelung erkannt und entsprechende eigene Zuschuß-Richtlinien erlassen. Eine gegen mich inszenierte Polemik – wieder einmal der konfessionslose Ludwig! – deren sich der SPIEGEL annahm, fand damit ihr Ende. Im übrigen wurde sehr bald anerkannt, daß ich bereit war, mit den Kirchen eng zusammen zu arbeiten. Das Thema ist dann auch nie mehr aufgegriffen worden.

Es herrschte auch ein erheblicher Mangel an Heimplätzen für Kinder, die kein Zuhause mehr hatten. Die Heime waren zumeist weit entfernt und nahmen oft nur Kinder eines bestimmten Alters oder Geschlechts auf, so daß Geschwister häufig getrennt werden mußten. Ich konnte den Sozial-Ausschuß davon überzeugen, daß wir ein Kinder- und Jugendheim einrichten mußten, in dem die Kinder in Familiengruppen mit ihren pädagogischen Betreuern zusammenlebten. Diese Form der Betreuung ohne Abschirmung nach außen – die Kinder gehen in nahegelegene Kindergärten und Schulen – hat sich bis heute bewährt.

Nicht so auffällig, aber dennoch gravierend war der Mangel an Räumen für eine offene Jugendarbeit. Die Kirchen hatten zwar aktive Jugendgruppen, auch die Sportvereine kümmerten sich um ihre jugendlichen Mitglieder. Ein Teil der Jugend fand dazu leider keinen Zugang. Deshalb schlug ich vor, ein HAUS der JUGEND zu bauen, in dem auch diejenigen Jugendlichen Zugang finden sollten, die bisher abseits standen. Es wurde 1967 seiner Bestimmung übergeben. Auch konfessionelle Träger waren damals bereit, offene Jugendarbeit zu übernehmen, so daß in fast allen Stadtteilen Begegnungsstätten für die Jugend entstanden sind.

Die Bomben hatten auch die Altersheime nicht verschont. Viele ältere Bürger mußten außerhalb der Stadt untergebracht werden, manchmal unter unwürdigen Bedingungen, von denen sich auch der Sozial-Ausschuß bei einer Besichtigung überzeugen konnte. Es war damals schon zu erkennen, daß die Zahl der pflegebedürftigen Menschen, die nicht im Familienkreis betreut werden konnten, zunehmen würde. Deshalb sah das ursprüngliche Konzept vor, in einem Gebäude räumlich getrennt ein Alters- und ein Pflegeheim zu errichten, um damit den Übergang zum Pflegebereich zu erleichtern. Es zeigte sich jedoch, daß immer mehr ältere Menschen Wert darauf legten, auch im Alter selbständig zu bleiben. Deshalb wurden nach und nach Altenwohnheime in den Stadtteilen errichtet, in denen ältere Menschen in einer eigenen Wohnung leben und dennoch im Bedarfsfall Hilfe erhalten konnten. Damit wurde der Bau von Altersheimen herkömmlicher Art entbehrlich. Die finanzielle Belastung für die Bewohner war gleichzeitig geringer. Schließlich wurden in den Stadtteilen Altenstuben als Begegnungsstätten eingerichtet. Ab 1963 hatten ältere Bürger, die nicht in Urlaub fahren konnten die Möglichkeit, an einer Stadtranderholung teilzunehmen. Die Einrichtung fand großen Zuspruch. Ein Altenplan setzte einen Orientierungsrahmen für die weitere Arbeit.

Die Konzeption einer Einbindung älterer Menschen in das Gemeinschaftsleben wurde von meinem Nachfolger, Bürgermeister Günther Janson, weiterentwickelt und umgesetzt. Es ist immer wieder erfreulich, zu erleben, wie ältere Menschen ihm dankbar begegnen.

WEICHENSTELLUNGEN – 1962–1965

In den Jahren 1962 bis 1965 haben mehrere Ereignisse mein weiteres Leben stark geprägt und bestimmt.

Der Schmerz, den ich über den Tod meines Vaters am 18. Februar 1962 empfand, ist mit Worten kaum zu beschreiben. Es gibt wenig Menschen, die wie meine Eltern und ich durch eine solch enge Schicksalsgemeinschaft miteinander verbunden waren. Wir haben die Verfolgung und die Rückkehr in die Heimat, die Ängste und Freuden, die schweren Nachkriegsjahre und den erfolgreichen Wiederaufbau gemeinsam durchlebt. Meine Mutter konnte ihren Schmerz bis zu ihrem eigenen Tode nie ganz überwinden.

Obwohl mein Vater außer einer Stirnhöhlenvereiterung in seinem Leben niemals ernsthaft krank war und nie einen Arzt aufgesucht hat, gute Nerven und ein gesundes Naturell besaß, hatte ich doch Angst um ihn. Er hatte ein erhebliches Übergewicht, das er sich während seines Aufenthaltes in den Vereinigten Staaten 1948 zugelegt hatte. Eine zweifache Umstellung seiner Lebensgewohnheiten in seinen letzten Lebensjahren hat ihm sehr zu schaffen gemacht. 1960 schied er aus dem Bundestag aus. Solange er in Bonn war, kehrte er jeden Abend nach Mainz zurück, um die Post zu erledigen und Briefe zu diktieren. Er kam selten vor 1.00 Uhr ins Bett und stand um 6.00 Uhr wieder auf. Er gönnte sich auch keinen Urlaub und arbeitete stattdessen auf, was er in den sitzungsfreien Wochen nicht erledigen konnte. Mit seinem Ausscheiden aus dem Bundestag hatte er sich an ein ruhigeres Leben zu Hause in Pir-

Die Eltern bei einem Spaziergang
auf der Loreley Ende der 50er Jahre

masens gewöhnt, nachdem er auch den Landesvorsitz im DGB aufgegeben hatte.

Obwohl er sich im Wahlkreis nicht mehr aufstellen ließ, war er
bereit, auf einem scheinbar aussichtslosen Listenplatz für die SPD
zu kandidieren in der Hoffnung, nicht nachrücken zu müssen. Als
Friedrich-Wilhelm Wagner Ende 1961 zum Vizepräsidenten des
Bundesverfassungsgerichts gewählt wurde, war mein Vater
gezwungen, wieder in den Bundestag zurückzukehren. Er konnte
nicht verzichten, weil sonst der Vertreter eines anderen Bezirks
nachgerückt wäre und die Pfalz ein Mandat verloren hätte. Das
konnte er als Pfälzer nicht verantworten! Die Umstellung auf den
inzwischen ungewohnten Rhythmus und die Tatsache, daß er kein
eigenes Zimmer mehr hatte und im Hotel wohnen mußte, hat er
nicht verkraftet. Wir ahnten, daß es ihm gesundheitlich nicht gut
ging. Unserem Wunsch, einen Arzt aufzusuchen, kam er leider
nicht nach, obwohl Hans Bardens – damals Assistenzarzt in Pirmasens – sich anbot, ihn im Krankenhaus gründlich untersuchen zu
lassen.

Am 11. Februar 1962 hatten wir zusammen mit den Kindern noch
einen ausgedehnten Spaziergang um den Teufelstisch unternommen. Am 14. Februar nahm er an der Unterzeichnung des Vertrages über die Bahnhofsverlegung zwischen der Stadt Ludwigshafen
und der Bundesbahn teil. Am Sonntag, dem 18. Februar, fuhr er
morgens von Pirmasens nach Rodalben zu einer Unterbezirkskon-
ferenz. Er war gut gelaunt und beteiligte sich an der Debatte. Drei
Nachbarinnen, die er in seinem Wagen mitgenommen hatte, fuhren
mit ihm von Rodalben nach Pirmasens zurück. Auf halber Strecke
hielt er an, stieg aus und brach tot zusammen. Als Tante Frieda
gegen 12.30 Uhr anrief – wir waren gerade beim Mittagessen –,
ahnte ich, daß meinem Vater etwas zugestoßen war. Zwar hieß es,
daß er mit einem Herzinfarkt ins Krankenhaus eingeliefert worden
sei. Ich wußte aber, daß ich ihn nicht mehr lebend wiedersehen
würde. Wir nahmen Abschied von einem Menschen, der sich von
Jugend an ohne Rücksicht auf die eigene Person für Frieden, Frei-

heit und soziale Gerechtigkeit eingesetzt und sich mit seiner „außergewöhnlichen Begabung und Kraft in den Dienst .... der sozial Schwachen gestellt" hat (Eugen Hertel).

Meine Mutter überlebte ihn noch 10 Jahre. Sie behielt ihre Wohnung in Pirmasens und hatte noch viel Freude mit ihren Enkelkindern. Besonders gut verstand sie sich mit der kleinen Ruth, die öfter ein paar Tage bei ihr verbrachte und ihr neuen Lebensmut gab. Anfang Mai 1972 kam sie ins städtische Krankenhaus Ludwigshafen. Obwohl sich Professor Dr. Gillmann, der sie schon mehrmals behandelt hatte, große Mühe gab, konnte er ihr nicht mehr helfen. Am Sonntag, dem 27. Mai, versammelte sich die gesamte Familie an ihrem Bett. Ich verließ als letzter das Zimmer. Bevor ich ging, sagte sie mir, sie würde jetzt sterben. Sie möchte mir aber vorher noch sagen, daß sie mit mir zufrieden war. Kurz darauf verlor sie das Bewußtsein. Dienstags – ich saß an ihrem Bett – schlief sie ganz ruhig für immer ein. Es war für mich ein Trost, daß meiner Mutter, die im Leben so viel durchzustehen hatte, der Todeskampf erspart.

DER VORSITZENDE DER SPD –BEZIRK PFALZ–

Kurz nach dem Tode meines Vaters schied der damalige Bezirksvorsitzende der SPD Pfalz, Franz Boegler, aus der Partei aus. Wenn mein Vater noch gelebt hätte, wäre er vermutlich sein Nachfolger geworden. So beauftragte der Bezirksvorstand Luise Herklotz und Dr. Paulus Skopp, mich zu fragen, ob ich bereit wäre, für dieses Amt zu kandidieren. Ich erbat mir Bedenkzeit, um meine Frau in die Entscheidung einzubinden, denn das würde bedeuten, daß ich noch weniger Zeit für meine Familie haben würde. Meine Frau bestärkte mich in der Auffassung, daß ich mich der Verantwortung nicht entziehen dürfe, wenn mir die Partei, für die ich mich engagierte, das Amt des Vorsitzenden übertragen wollte und mir so die Möglichkeit einräumte, Richtung und Zielsetzung maß-

Der Bezirksvorsitzende der SPD Pfalz

geblich mitzubeeinflussen. Sie sagte einfach: „Du mußt es machen! Sie können keinen besseren finden!" Meine Frau hatte schon immer großes Vertrauen zu mir. Damit konnte ich mich guten Gewissens zur Kandidatur bereit erklären. Kurze Zeit danach erfuhr ich, daß es im Parteivorstand auch Stimmen gab, die Max Seither für den geeigneten Nachfolger von Franz Boegler hielten. Max Seither war mit meinem Vater, der ihn sehr schätzte, befreundet. Hätte der Bezirksvorstand ihn von Anfang an nominiert, hätte ich mich uneingeschränkt für ihn ausgesprochen und ihm als Delegierter meine Stimme gegeben. Da ich mich aber nun einmal festgelegt hatte, zu kandidieren, blieb ich dabei.

Max Seither und ich stellten uns gemeinsam in allen Unterbezirkskonferenzen vor. Es gab unterschiedliche Voten. Der Parteitag entschied sich dann mehrheitlich für mich. Wir hatten uns vorher verständigt, daß der Unterlegene für die Stellvertreterfunktion kandidieren würde. Max Seither wurde dann auch mit großer Mehrheit gewählt. Wir haben in all den Jahren gut zusammengearbeitet. Seine Erfahrung, seine guten Kontakte und sein Ansehen haben mir geholfen, in die neue Aufgabe hineinzuwachsen. Diese positive Zusammenarbeit zeigt, daß Solidarität kein Fremdwort in der Politik sein muß.

Möglicherweise hat ein Außenstehender eine falsche Vorstellung von den Aufgaben eines Bezirksvorsitzenden. Den politischen Kurs mitzubestimmen, ist nur ein Teil seiner Aufgaben. Das „Tagesgeschäft" besteht darin, zwischen unterschiedlichen Interessen und Auffassungen zu vermitteln, für einen erträglichen Zusammenhalt in den einzelnen Parteigliederungen zu sorgen und Streitigkeiten zu schlichten. Als ich nach 18 Jahren nicht mehr als Bezirksvorsitzender kandidierte, konnte ich in meiner „Abschiedsrede" feststellen , daß die Pfalz zu den Bezirken gehört, bei denen sich die innerparteilichen Reibungsverluste in erträglichen Grenzen hielten!

Sowohl für die eigene Meinungsbildung, als auch um andere von der eigenen Auffassung zu überzeugen, war es notwendig, mit allen gesellschaftlich relevanten Kräften in der Pfalz Kontakte zu knüpfen. Die intensiven Gespräche mit der Protestantischen Landeskirche und dem Bischöflichen Ordinariat haben zweifellos dazu beigetragen, manche Vorurteile abzubauen und für eine bessere Verständigung zu sorgen. Dies gehörte ebenso zu einer erfolgreichen Politik wie der Umgang mit den Medien. Die Grundzüge meiner Arbeit in der Pfalz faßte ich in der erwähnten Rede wie folgt zusammen: „Nur dann, wenn Sozialdemokraten die Bedürfnisse der Bevölkerung erkennen und ihre Politik darauf abstimmen, können sie ..... das Vertrauen breiter Schichten gewinnen". Ich sprach mich gegen ideologisches Denken aus, das zu Intoleranz und Fanatismus führt, gleichzeitig aber gegen jeden Opportunismus, der niemals Maßstab sozialdemokratischer Politik sein kann.

Die Einbindung in die bundespolitischen Entscheidungen erfolgte über den Parteirat und die Parteitage. Darüber hinaus lud Willy Brandt mindestens einmal im Jahr die Landes- und Bezirksvorsitzenden zu sich ein. Ohne genaue Tagesordnung konnten alle wichtigen Probleme in gelockerter Atmosphäre angesprochen werden. Der Bundesvorsitzende erläuterte uns immer wieder die Chancen seiner Entspannungspolitik, die ich zunächst skeptisch beurteilte. Im Nachhinein muß ich feststellen, daß die Visionen von Willy Brandt keine Utopien waren. Ihm gebührt das entscheidende Verdienst, durch seine Politik die Wiedervereinigung vorbereitet zu haben.

Zwei sehr persönliche Begegnungen mit Willy Brandt möchte ich noch hervorheben. Kurz nachdem er als Kanzler zurückgetreten war, rief ich ihn in Bonn an und bat ihn, als Bundesvorsitzender der SPD mit mir eine Rundreise durch die Pfalz zu machen, um Gespräche mit den Ortsvereinen zu führen. Mir kam es vor allem darauf an, ihm zu beweisen, daß die Partei nach wie vor zu ihm hielt. Er entsprach meiner Bitte. Ich holte ihn am Bahnhof in Mannheim ab. Wir fuhren gemeinsam durch die Pfalz. Er wurde überall herzlich aufgenommen. Für alle Beteiligten war diese Reise ein großer Gewinn.

*Empfang des Oberbürgermeisters während des Bundesparteitages
1975 in Mannheim am Parteiabend in Ludwigshafen mit
Helmut Schmitt und Willi Brandt*

1975 fand der Bundesparteitag der SPD in Mannheim statt. Als Mitglied des Parteirates hatte ich vorgeschlagen, den Parteiabend nach Ludwigshafen zu verlegen. Dem stimmte Willy Brandt zu. Es war ein großartiger Erfolg. In der Erberthalle herrschte eine prächtige Stimmung. Pfälzer Spezialitäten – Helmut Kohl hätte am Saumagen seine wahre Freude gehabt – erfreuten die Gäste genauso wie der Pfälzer Wein. Es wurde gesungen und getanzt. Zwanzig Jahre später – 1996 – war es leider nicht mehr so lustig! Jedenfalls haben mich viele Genossen immer wieder in freudiger Erinnerung auf diesen Abend angesprochen. Willy Brandt begleitete ich zum Abschied aus der Halle. Am Ausgang sangen wir noch gemeinsam die Internationale. Bei der Einweihung des Willy-Brandt-Platzes in Kaiserslautern meinte Egon Bahr, als ich ihm diese Geschichte erzählte: „Ihr habt wohl ganz schön gebechert gehabt." Er hatte wohl recht. Am nächsten Tag waren wir jedoch wieder topfit. Willy Brandt gestaltete souverän den Parteitag.

Während der Großen Koalition habe ich mich mit Nachdruck für eine Änderung des Wahlrechts eingesetzt. Ich war im Gegensatz zu meinem Vater, der sich zum Verhältniswahlrecht bekannte, ein Anhänger des relativen Mehrheitswahlrechts. Wir haben oft bis spät in die Nacht hinein diskutiert, manchmal sogar gestritten. In meiner Dissertation hatte ich bereits Vor- und Nachteile der einzelnen Wahlsysteme beleuchtet. Sowohl die Erfahrungen mit der Weimarer Republik als auch mit dem Frankreich der IV. Republik haben mir gezeigt, daß in schwierigen Zeiten nur klare Mehrheiten unpopuläre Entscheidungen ermöglichen, mit denen anstehende Probleme gelöst werden können. Ständige Regierungswechsel nach gescheiterten Koalitionen führen zur Handlungsunfähigkeit des Staates. Die daraus erwachsende Unzufriedenheit der Wähler treibt sie in die Hände demagogischer Ideologen. So entsteht eine negative Mehrheit antidemokratischer Kräfte, die zwangsläufig zum Untergang des demokratischen Staates führt. Für mich bietet das relative Mehrheitswahlrecht eine echte Chance, zu stabilen Mehrheiten zu gelangen, allerdings nur dann, wenn eine Vertrauensbasis zu den demokratischen Parteien noch vorhanden ist und extreme Gruppen nicht zu stark geworden sind. Ist das Vertrauen zum Staat verloren, hilft auch keine Wahlrechtsänderung.

1968 schien mir ein geeigneter Zeitpunkt, ein mehrheitsförderndes Wahlrecht einzuführen. Nur in einer Großen Koalition findet sich dafür eine Mehrheit im Parlament. Hätte es 1969 ein Mehrheitswahlrecht gegeben, hätte eine der beiden großen Parteien eine absolute Mehrheit erhalten. Eine Entscheidung über das Regierungsprogramm wäre nicht anschließend in Koalitionsverhandlungen gefallen. Der Wähler hätte über die eine oder andere Richtung entschieden. Das Argument, nur das Verhältniswahlrecht garantiere eine gerechte Bewertung der Wählerstimmen, basiert auf der falschen Annahme, daß das Parlament die Regierung kontrolliere, eine von Montesquieu aufgestellte Lehre. In Wirklichkeit wird die Regierung von der Parlamentsmehrheit, die sie gewählt und eingesetzt hat, unterstützt. Die Fraktionsvorsitzenden nehmen in der Regel an den Kabinettssitzungen teil – wie umgekehrt die Minister an der Fraktionssitzung, um eine gemeinsame Linie festzulegen. Die Kontrollfunktion obliegt deshalb nicht dem Parlament in seiner Gesamtheit, sondern der Opposition. Deshalb kann eine Große Koalition nur für einen begrenzten Zeitraum – unter dem Aspekt der Gewaltenteilung – bestehen. Anschließend sollte eine Partei die Mehrheit erhalten und sich einer starken Opposition stellen müssen.

Das Argument des gerechten Stimmengewichts beim relativen Mehrheitswahlrecht kann leicht widerlegt werden. Eine kleine Partei, auf deren Stimme der größere Partner in einer Koalition angewiesen ist, erhält ein übermäßiges Gewicht. Die Vertreter von weniger als 10 % der Wähler haben häufig einen bestimmenden Einfluß. Der Schwanz wedelt oft mit dem Hund, wie Beispiele im Bund und in einigen Ländern zeigen.

Die SPD-Wahlrechtskommission unter Vorsitz von Walter Krause hatte bis zum Parteitag in Nürnberg ihre Arbeit noch nicht ganz abgeschlossen. Der Bundesvorstand hatte in einem Antrag empfohlen, das Thema Wahlrechtsreform auf dem nächsten ordentli-

Bundeskanzler Helmut Schmitt zusammen mit dem Oberbürger-
meister zu Besuch bei der BASF. Sie werden vom Vorsitzenden des
Vorstandes, Professor Dr. Matthias Seefelder, begrüßt

chen Parteitag 1970 zu behandeln, also erst nach der Bundestagswahl 1969. Ich stellte den Antrag, das Wort „ordentlich" zu streichen und offen zu lassen, ob nicht vor der Wahl auf einem außerordentlichen Parteitag die Entscheidung herbeigeführt werden sollte, zumal eine Koalitionsabsprache zur Wahlrechtsänderung zwischen CDU und SPD bestand. Natürlich – und dies war auch vorbehalten – mußte ein Parteitag noch in der Legislaturperiode darüber entscheiden. Mit knapper Mehrheit (mit den Stimmen des Vorstandes, so im Protokoll festgehalten) wurde mein Antrag abgelehnt. Meine Bemühungen, über den Parteirat zu einem vorgezogenen Termin zu kommen, sind anschließend gescheitert. Meine Hartnäckigkeit brachte mir von Herbert Wehner während der Diskussion die Anrede „Herr Ludwig" ein, ein Zeichen dafür, daß „Onkel Herbert" sehr verärgert war, obwohl wir uns sonst gut verstanden. Ich nahm mir nun vor, über die Bezirke zum Ziel zu kommen. Zur Einberufung eines außerordentlichen Parteitages mußten neun Bezirke einen entsprechenden Antrag stellen. Es war mir gelungen, acht Bezirke zu mobilisieren. Der neunte, bei dem ich mit Unterstützung rechnen konnte, war der Bezirk Rheinland. Auf dessen Parteitag in Solingen versuchte ich, die Delegierten für meine Auffassung zu gewinnen. Obwohl die gesamte Prominenz (u.a. Heinz Kühn und Johannes Rau) sich gegen den Antrag, einen außerordentlichen Parteitag abzuhalten, aussprachen, fehlten nur 10 Stimmen, um den Parteivorstand zu verpflichten, einen außerordentlichen Parteitag einzuberufen. Trotz eines Achtungserfolges waren meine Bemühungen um eine Änderung des Wahlrechts endgültig gescheitert.

Mit der Bildung der sozial-liberalen Koalition und später der konservativ-liberalen Koalition war die Chance, das Wahlrecht zu ändern, vertan. Die F.D.P. konnte unabhängig von dem Koalitionspartner einer Änderung niemals zustimmen, weil sie dann keine Chance gehabt hätte, im Parlament vertreten zu sein. Herbert Wehner, der grundsätzlich meine Meinung über das Wahlrecht teilte, erläuterte mir später, warum er vor der Wahl 1969 keine Änderung wollte. Er hielt es für besser, wenn die SPD mit ihren

Herbert Wehner unterstreicht seine freundschaftliche
Verbundenheit mit Werner Ludwig bei der Gratulation zu seinem
50. Geburtstag. Zwischen ihnen Hans Bardens

Ministern und Abgeordneten sich in einer nochmaligen Großen Koalition hätte profilieren können. Damit hätte sie nicht nur einen größeren Bekanntheitsgrad, sondern eine bessere Vertrauensbasis in der Wählerschaft gewonnen. Bei einer reinen Persönlichkeitswahl kommt es darauf zusätzlich an. Er ging davon aus, daß der Bundestag nach der halben Legislaturperiode aufgelöst werden würde und die Wähler sich für eine der beiden großen Parteien hätten entscheiden müssen. Hätte er geahnt, daß bereits in der Wahlnacht die sozial-liberale Koalition besiegelt werden würde, dann hätte auch er für eine Entscheidung vor der Bundestagswahl plädiert. Dieses vertrauensvolle Gespräch war der Beweis dafür, daß unser freundschaftliches Verhältnis durch die Diskussion im Parteirat nicht getrübt worden war. Für mich ist Herbert Wehner nicht nur der große Vordenker, der sich für die Öffnung der Partei stark gemacht und damit das Godesberger Programm durchgesetzt hat. Er war immer bereit, anderen Menschen zu helfen, wenn sie ihn brauchten. Hinter der rauhen Schale verbarg sich ein weiches Herz.

Mein Verhältnis zu Helmut Schmidt wird besonders aus einer Begegnung mit ihm vor der Bundestagswahl 1976 dokumentiert. Mein Freund Hans Bardens war seit 1965 der direkt gewählte Abgeordnete des Wahlkreises Ludwigshafen. Er hatte jeweils mit großem Vorsprung die Wahl gegenüber dem Gegenkandidaten der CDU (darunter auch Norbert Blüm) gewonnen. 1976 kandidierte erstmals der damalige rheinland-pfälzische Ministerpräsident Helmut Kohl für den Wahlkreis Ludwigshafen, gleichzeitig als Kanzlerkandidat der CDU. Damit bekam diese Kandidatur eine besondere Bedeutung. Wir durften deshalb nichts auslassen, um die erfolgreiche Arbeit von Hans Bardens zu dokumentieren. Durch seine zahlreichen Wahlkreisbereisungen hatte er enge Kontakte zur Bevölkerung hergestellt und vielen Menschen auch persönlich geholfen. Die Wähler wußten also, daß er viel geleistet hatte. Dennoch hielten wir es für wichtig, mit der Unterstützung von Helmut Schmidt noch ausstehende Finanzierungszusagen des Bundes für Maßnahmen in Ludwigshafen herbeizuführen. Wir fuhren gemeinsam zu

Helmut Schmidt, damit er für eine beschleunigte Bearbeitung der Vorgänge sorgen möge. Er notierte sich unsere Wünsche und sorgte für eine prompte Erledigung. Es zeigte sich erneut: Auf Helmut Schmidt war Verlaß. Diese Intervention wäre sicherlich nicht notwendig gewesen, denn Hans Bardens erreichte in der Stadt einen Vorsprung von vierzehntausend Stimmen gegenüber Helmut Kohl und im Wahlkreis von über zehntausend.

Dieser Besuch war jedoch in anderer Hinsicht außerordentlich aufschlußreich. Das sich anschließende Gespräch machte deutlich, daß Helmut Schmidt Wert auf kritische Ratschläge legte und nicht der arrogante Politiker war, als der er manchmal erschien. Für mich war es immer faszinierend, ihm zuzuhören. Er war in der Lage, in wenigen Sätzen einen treffenden Situationsbericht über die aktuelle Lage zu geben und die entsprechenden Schlußfolgerungen und politischen Konsequenzen zu ziehen. Ein Teil seiner eigenen Partei hat leider seine Politik nicht mitgetragen und ihn damit im Stich gelassen. Herbert Wehner hatte erkannt, daß dies die F.D.P. veranlassen würde, die Regierungskoalition aufzukündigen und vorausgesagt, die CDU würde nach dem Sturz von Helmut Schmidt mindestens fünfzehn Jahre den Kanzler stellen. Wie recht sollte er behalten! Als Helmut Schmidt als Kanzler abgelöst worden war, suchte ich ihn in Bonn auf, einfach um ihm zu danken. Sein einziger Auftritt in einer Wahlversammlung nach 1982 erfolgte in Ludwigshafen. Bei meiner Verabschiedung hielt er die Festrede. Barsbüttel war der Ausgangspunkt für diese freundschaftliche Verbundenheit über Jahrzehnte hindurch.

Die Übernahme des Parteivorsitzes hatte zur Folge, daß ich 1963 als Spitzenkandidat der Pfalz für die Landtagswahl aufgestellt wurde. Wir führten einen außerordentlich intensiven Wahlkampf. Die Bundes-CDU unterstützte eifrig ihre rheinland-pfälzischen Parteifreunde. So unternahm Bundesverkehrsminister Seebohm eine dreitägige Reise durch die Pfalz. Mit zwei Lautsprecherwagen begleiteten wir die Kolonne des Ministers. Wir konnten auf die Versäumnisse der Regierung hinweisen und die Rundfahrt als Wahlschau entlarven. Manchmal bewirkt ungeschickte Propaganda das Gegenteil des angestrebten Zieles. Mit 45,5 % erzielten wir eines der besten Wahlergebnisse bei einer Landtagswahl in der Pfalz.

Dem Landtag gehörte ich nur zwei Jahre an. Obwohl ich Vorsitzender des Sozialpolitischen Ausschusses war, mußte ich sehr schnell erkennen, daß ein Mitglied der Opposition nur wenige Möglichkeiten hat, etwas zu bewegen. Dies war mit ein Grund, weshalb ich nach Übernahme der Oberbürgermeisterfunktion zum 1. Juli 1965 das Mandat niederlegte. Es wäre für mich zeitlich und physisch nicht zu verkraften gewesen, alle bisherigen Funktionen weiter auszuüben und mich noch voll auf die neue Aufgabe zu konzentrieren. Es schien mir wichtiger, an der Spitze der SPD zu bleiben, um dort die Kontinuität zu gewährleisten. Mit dem Verzicht auf das Landtagsmandat bin ich einer späteren gesetzlichen Regelung zuvorgekommen, die eine Unvereinbarkeit mit dem hauptamtlichen kommunalen Wahlamt festlegte.

DER BEZIRKSTAGSVORSITZENDE

Bei den Kommunalwahlen 1964 kandidierte ich für den Bezirkstag. In der Pfalz werden nicht nur die Vertretungskörperschaften der Gemeinden und Kreise, sondern es wird auch der Bezirkstag gewählt. Der Bezirksverband hat seinen Ursprung im Conseil Général, der nach der französischen Revolution gebildet wurde. Nach dem geheimen Abkommen von Campo Formio von 1797 wurde das linksrheinische Gebiet an Frankreich abgetreten. 1798 wurde die französische Verwaltungsstruktur eingeführt und u.a. das Département Mont Tonerre (Donnersberg) geschaffen mit wesentlichen Teilen der Pfalz und der Hauptstadt Mainz. Auf dem Wiener Kongreß erhielt Bayern als Ausgleich für die an Österreich abgetretenen Gebiete die Pfalz zugesprochen. Die bayerische Regierung beschloß 1816 ein Beratungsgremium für die Pfalz – den Landrath – einzusetzen, der später in Kreistag und schließlich in Bezirkstag

umbenannt wurde. 1857 wurden in Bayern weitere sieben Bezirks-
verbände gegründet.

Auch das Land Rheinland-Pfalz war bereit, diese Struktur für die
Pfalz zu erhalten. Nach der Bezirksordnung ist der Bezirksverband
Pfalz eine „Gebietskörperschaft und ein Gemeindeverband mit dem
Recht auf Selbstverwaltung". Damit genießt er Verfassungsgarantie
und kann nicht durch einfaches Gesetz aufgelöst werden. Deshalb
waren Versuche der Landes-CDU, die Rechte des Bezirksverbandes
einzuschränken oder ihn gar aufzulösen, zum Scheitern verurteilt.

Nach fast fünf Jahrzehnten ist es sogar gelungen, Dank des Ein-
satzes des damaligen Ministerpräsidenten Rudolf Scharping und
des Fraktionsvorsitzenden der SPD und derzeitigen Ministerpräsidenten Kurt Beck, das letzte napoleonische Relikt zu beseitigen,
nämlich die Verwaltung des Bezirksverbandes durch den Regierungspräsidenten führen zu lassen. Trotz langwieriger kontroverser
Diskussionen kam es zu einem einstimmigen Beschluß im Landtag,
nachdem sich auch der frühere Bezirksvorsitzende der CDU, Dr.
Georg Gölter, für die Änderung der Bezirksordnung ausgesprochen
hatte. Seit 1996 kann deshalb der Geschäftsführer vom Bezirkstag
selbst bestimmt werden. Die Wahl fiel auf Mathias Johann, der
schon vorher vom Regierungspräsidenten Rainer Rund eingesetzt
worden war – durch ihn erstmals in kollegialer Abstimmung mit
mir. Mathias Johann ist es mit zu verdanken, daß innerhalb kurzer
Zeit eine funktionsfähige Verwaltung aufgebaut wurde. Für die
Übergangszeit war Rainer Rund bereit, Mitarbeiter seines Hauses,
die nicht zum Bezirksverband übergewechselt sind, abzustellen,
um einen reibungslosen Übergang zu gewährleisten. Allerdings
kam es auch schon zuvor zu einer guten Zusammenarbeit mit den
jeweiligen von den früheren Regierungspräsidenten Hans Keller
und Dr. Paul Schädler eingesetzten Verwaltungsleitern Max Lugen-
biehl, Günter Simon und Gerhard Schläfer.

Der Bezirksverband nimmt Aufgaben wahr, die über die Leistungsfähigkeit der Gemeinden und Landkreise hinausgehen. Die

Schwerpunkte seiner Aktivitäten liegen im kulturellen Bereich (Pfalztheater, Pfalzgalerie, Pfalzinstitut für Geschichte und Volkskunde, Pfalzbibliothek sowie in der mehrheitlichen Beteiligung an der Stiftung Historisches Museum Speyer und dem Naturkundlichen Museum, der POLLICHIA, Bad Dürkheim), im Bereich der Gesundheit (Pfalzklinik Landeck und Pfalzinstitut für Kinder- und Jugendpsychiatrie), in der Unterstützung der Landwirtschaft (Landwirtschaftliche Untersuchungs- und Forschungsanstalt in Speyer, Lehr- und Versuchsanstalt für Viehhaltung Neumühle, Tabakbausachverständiger) und in der schulischen Aus- und Weiterbildung (Meisterschule für Handwerker in Kaiserslautern, Pfalzinstitut für Hör-Sprach-Behinderte in Frankenthal und Pfalzakademie Lambrecht, die 1996 in die Trägerschaft des Bezirksverbandes überging). Darüber hinaus werden eine Vielzahl von Maßnahmen von kommunalen oder privaten Trägern in der Pfalz gefördert. So ist der Bezirksverband Mitglied im Verein Naturpark Pfälzerwald. Er zahlt die gleichen Beiträge wie die im Naturparkgebiet liegenden Städte und Landkreise. In den letzten Jahren hat sich der Bezirksverband zunehmend der Strukturprobleme der Pfalz angenommen. Ein wichtiges Instrument zur Strukturpolitik sind die PFALZWERKE AG, ein regionales Energieversorgungsunternehmen, an dem der Bezirksverband mit 53 % beteiligt ist.

In der konstituierenden Sitzung des Bezirkstages am 10. Dezember 1964 wurde ich zum Vorsitzenden gewählt, nachdem die SPD bei der Wahl mit 15 Sitzen die absolute Mehrheit errungen hatte. Mit fünfjähriger Unterbrechung übte ich diese Funktion bis zu meinem Verzicht am 31. Dezember 1996 aus. Von 1974 bis 1979 löste mich Dr. Wolfgang Brix ab, damals Oberbürgermeister von Neustadt a.d.W., nachdem die CDU die absolute Mehrheit erhalten hatte.

Der Bezirkstag ist das Sprachrohr der Pfalz innerhalb des Landes. Mit Blick auf ein Europa der Regionen kommt dieser Institution wachsende Bedeutung zu. Das Bemühen aller Parteien, die Interessen der Pfalz im Land zu vertreten, mag mit ein Grund für das harmonische Verhältnis sein, das in den 32 Jahren meiner

Zugehörigkeit die Arbeit bestimmt hat. So hat z.B. Dr Wolfgang Brix den Versuch einiger seiner Parteifreunde vereitelt, die Aktien der PFALZWERKE AG zu verkaufen. Große Unterstützung gegenüber der Landesregierung, die an einer Übernahme der Aktien interessiert war, fand ich beim Präsidenten der Handwerkskammer Pfalz, Heinz Scherer.

Bei meiner Verabschiedung als Bezirkstagsvorsitzender am 18. Dezember 1996 würdigte der stellvertretende Bezirkstagvorsitzende und CDU-Fraktionsvorsitzende Joachim Stöckle meine Arbeit mit folgenden Worten: „Sie haben wie kein anderer dieses Pfälzer Parlament geprägt. Sie haben es verteidigt, Sie haben es mit uns zusammen in den letzten Jahren modernisiert und ihm damit eine Zukunft gegeben. Es ist Ihr großes Verdienst, daß der Bezirksverband Pfalz nicht nur ein Relikt ist, das seine historische Rechtfertigung hat, sondern zu einem leistungsfähigen Beispiel regionaler Selbstverwaltung weiterentwickelt wurde. Wir haben damit ein Modell geschaffen, das hoffentlich auch in dem kommenden Europa seine Zukunft hat.

Das Geheimnis Ihrer Leistung und Ihres Erfolges ist, wie ich glaube, in Ihrem Elternhaus zu suchen, das Ihnen die Liebe zur Freiheit und die Notwendigkeit der Solidarität in unserer Gesellschaft vermittelt hat. In jungen Jahren mußten Sie der demokratischen Einstellung und Freiheitsliebe wegen Ihre Heimat verlassen. Sie sind durch das Exil nicht nur frankophil und frankophon geworden, Sie sind ein Beweis dafür, daß man seiner Heimatregion treu und trotzdem ein guter Europäer sein kann. Was ich und viele andere an Ihnen bewundern, ist, daß Sie nicht nur Bequemes, sondern auch Unbequemes sagen und daß Sie mit denjenigen, die Ihrer Meinung nach mit diesem kostbaren Gut der Freiheit und Demokratie frevelhaft umgehen oder es gefährden, immer sehr leidenschaftlich ins Gericht gehen.

Sie haben gelernt, Verantwortung für ihre Mitmenschen zu übernehmen und ihnen, wo immer nötig, die erforderliche Fürsorge entgegenzubringen. Nicht sich selbst, sondern die Bürger haben Sie stets in den Mittelpunkt Ihres Handelns gestellt. Persönlich hat mich an Ihnen Ihre doppelte Befähigung begeistert, nicht nur

Visionen zu sehen und zu formulieren, sondern diese auch in praktische Politik umzusetzen. Sie waren dabei stets bemüht, in der Sache zu einem Konsens und damit zum Erfolg zu kommen. Ein Kompromiß bedeutet für Sie keine Schwäche, sondern das Ergebnis einer guten demokratischen und sachbezogenen Streitkultur.

Wir alle im Bezirkstag Pfalz haben Ihnen deshalb sehr herzlich zu danken; ich denke, der schönste Dank, den wir Ihnen abstatten können, ist, das zu vollenden, was Ihnen wegen Ihres selbstgewählten Ausscheidens aus dem Amt des Bezirkstagsvorsitzenden zeitlich nicht mehr möglich war." Ministerpräsident Kurt Beck, der selbst mit seiner Heimat aufs Engste verbunden ist, bescheinigte mir in einem Brief zu meiner Verabschiedung als Bezirkstagsvorsitzender: „Identität und Interesse der pfälzischen Region waren Dir immer ein zentrales Anliegen." Vermutlich ist die Liebe zur Heimat noch stärker, wenn man sie eine zeitlang entbehren mußte.

Zu meinem Nachfolger wurde der Kuseler Landrat Dr. Winfried Hirschberger gewählt, der gleichzeitig Bezirksvorsitzender der SPD Pfalz ist. Er ist ein engagierter Kommunalpolitiker, dem der Bezirksverband genau wie mir am Herzen liegt. Die Kontinuität in der Arbeit ist mit ihm gewährleistet.

PFALZWERKE UND ENERGIEWIRTSCHAFT

Traditionsgemäß ist der Bezirkstagsvorsitzende als Vertreter des Mehrheitsaktionärs auch Aufsichtsratsvorsitzender der PFALZ-WERKE AG (Ausnahmen bestätigen die Regel). Nach der Neuwahl des Aufsichtsrates 1965 übernahm ich diese Funktion. Bei der Neuwahl im Juni 1997 habe ich nach 32 Jahren nicht mehr kandidiert. Dr. Winfried Hirschberger ist auch bei den PFALZWERKEN mein Nachfolger geworden.

Die industrielle Revolution, die Erleichterung der Arbeitsbedingungen, die Angleichung der Lebensverhältnisse auf dem Land sind entscheidend auf die Erfindung der Elektrizität und eine flächendeckende Versorgung mit elektrischem Strom zurückzuführen. Ohne ausreichende und sichere Stromversorgung ist ein Leben in unserer heutigen Gesellschaft nicht denkbar. Deshalb haben sowohl das Bundesverfassungsgericht als auch das Bundesverwaltungsgericht festgestellt, daß die örtliche Energieversorgung „zu den typischen, die Daseinsvorsorge betreffenden Aufgaben der kommunalen Gebietskörperschaften" bzw. „zu den in Artikel 28, Abs. 2 Grundgesetz gewährleisteten Selbstverwaltungs-angelegenheiten örtlich relevanten Charakters" zählen. Die PFALZWERKE haben von Anfang an direkt oder indirekt bei der Erfüllung dieser Aufgaben mitgewirkt. Kleinere Gemeinden werden unmittelbar, mittlere und größere mittelbar von den PFALZWERKEN versorgt. Sie haben erreicht, daß es im gesamten Gebiet der Pfalz einheitliche Strompreise gibt. Angesichts der ungünstigen topographischen Lage und der geringen Siedlungsdichte in der Nord-, West- und in Teilen der Südpfalz wären dort die Strompreise bei einer – jetzt angestrebten – rein marktwirtschaftlichen Lösung höher als in den Ballungsgebieten. Damit würden diese Gebiete zusätzlich benachteiligt.

Die Befürworter einer Liberalisierung der Stromwirtschaft erhoffen sich vom Markt insgesamt günstigere Strompreise. Schon die aufgezeigten Beispiele zeigen, daß dies unrealistisch ist. Außerdem wird verkannt, daß es schon heute marktwirtschaftliche Elemente in der Energiewirtschaft gibt. Entscheidender Faktor für die Preisgestaltung sind die Stromerzeugungs- und -beschaffungskosten. Größere Unternehmen, wie z.B. die BASF AG, können ihren Strom selbst erzeugen, wenn dies für sie günstiger ist als der Bezug von Dritten. Die Stadt Ludwigshafen und die PFALZWERKE AG waren bereit, auf die Gebietsabgrenzung zu verzichten und dem RWE die Direktlieferung zu ermöglichen.

Die PFALZWERKE können ihrerseits durch ihre 40 %ige Beteiligung bei dem GROSSKRAFTWERK Mannheim AG (GKM) – eine Kraft-Wärme-Koppelungsanlage – die Erzeugungskosten mitbeein-

Werner Ludwig in angeregtem Gespräch mit
Siegfried Zschiedrich, Technischer Vorstand der PFALZWERKE AG

flussen. Um den Bedarf für die Pfalz zu decken, beziehen sie außerdem Strom vom RWE, das 27 % der PFALZWERKE-Aktien hält. Durch einen Grundsatzvertrag mit dem RWE, der 1969 mit dem Vorstandssprecher Dr. Helmuth Meysenburg – damals auch stellvertretender Aufsichtsratsvorsitzender der PFALZWERKE –, ausgehandelt wurde und bis 2004 gilt, war die Grundlage für eine vertrauensvolle Zusammenarbeit geschaffen. Auch die späteren Aufsichtsratsmitglieder des RWE, Dr. Günter Klätte, Dr. Friedhelm Gieske und Dr. Hans-Michael Höcherl waren stets um einen Interessensausgleich bemüht. Nach Ablauf des Stromlieferungsvertrages von 1989 konnten bis zum heutigen Tag stets vertretbare Bezugsbedingungen ausgehandelt werden. Es gab niemals ein „Preisdiktat".

Der Strombezug beim GKM wird durch den Vertrag nicht tangiert. Damit können die PFALZWERKE den Bezug auf der Grundlage der jeweils günstigsten Einkaufspreise optimieren. Der Vorstand hat mit großem Geschick diese Möglichkeit genutzt. In den letzten 25 Jahren trugen auf der technischen Seite Hans Bohl, Josef Ambs und seit fast 18 Jahren Siegfried Zschiedrich, auf der kaufmännischen Seite Erwin Herrmann, Dr. Günter Veigel und Manfred Berroth die Verantwortung für das Unternehmen. Wichtige Entscheidungen des Aufsichtsrats wurden in enger Zusammenarbeit mit dem Vorstand und den Betriebsratsvorsitzenden Heinrich Hönig, Willi Kußmaul, Heinz Fischer und Walter Mayer gründlich vorbereitet. So war es stets möglich, ein weitgehendes Einvernehmen zu erzielen. Die Ausweitung der Geschäftsziele (Gasversorgung, Abfall- und Abwasserwirtschaft, Kabelkommunikation) wurde von allen Beteiligten mitgetragen.

Das Ziel, die Stromkosten zu senken, hat auch zu den Überlegungen geführt, mit dem RWE ein Kernkraftwerk zu bauen. Als Standort war ein Gelände auf der Gemarkung NEUPOTZ vorgesehen, das gemeinsam erworben wurde. Es war gelungen, bei den Einwohnern eine Akzeptanz zu erreichen. Nach dem Unfall von Harrisburg nahm der Widerstand durch die Ökologen gegen das Projekt zu. Ob es schließlich zur Genehmigung und zum Bau gekommen wäre ist eine Frage, die deshalb nicht beantwortet werden kann, weil das Projekt aufgegeben wurde. Es zeigte sich nämlich, daß die prognostizierten Zuwachsraten im Stromverbrauch nicht eintrafen. Die zusätzliche Strommenge hätte nicht abgesetzt werden können. Somit wäre keine Einsparung, sondern eher eine Verteuerung beim Strombezug entstanden. Einige Energieversorgungs-unternehmen bekamen übrigens Probleme mit Überkapazitäten, mitbedingt durch zusätzliche Reserven in den neuen Bundesländern. Derzeit gibt es deshalb keinen Bedarf für den Bau neuer Kernkraftwerke. Würden jedoch alle Kernkraftwerke stillgelegt, so gäbe es einen Engpaß, der mittelfristig nicht behoben werden könnte. Deshalb sollte zusammen mit Frankreich weiterhin geforscht werden, um das Austreten radioaktiver Strahlen im Falle eines GAU auszuschließen. Mit alternativen Energien läßt sich derzeit weder von der Menge noch von der Wirtschaftlichkeit her eine entstehende Lücke schließen. Das schließt nicht aus, daß auch in diesem Bereich weiter geforscht werden muß. So begleiten die PFALZWERKE einen Versuch in Soultz im Elsaß, über die Erdwärme Wasser zu erhitzen und daraus Strom zu erzeugen. Auch der pfälzische Rheingraben könnte für eine solche Entwicklung interessant sein, wenn der Versuch in Soultz zu positiven Ergebnissen kommen sollte.

Die Zusammenarbeit mit Frankreich wurde 1992 durch einen Vertrag mit der ELECTRICITÉ de STRASBOURG (EdS) besiegelt. Danach haben beide Parteien Aktienanteile des anderen Partners erworben und ein Gastmandat im Aufsichtsrat eingeräumt. Neben dem Einblick in die Energiewirtschaft des Nachbarn hat diese Zusammenarbeit auch positive Auswirkungen für den Stromkunden. So kann z.B. bei Stromausfall nach einem Unwetter die Reparaturkolonne beider Partner, die den Unfallort am schnellsten erreichen kann, über die Grenze hinweg die Störung beheben. In der Präambel des Vertrages wird Robert Schumann zitiert: „Europa entsteht nicht von Heute auf Morgen, auch nicht nach einem fertigen Plan. Es entsteht durch sichtbare Werke, die zunächst eine Gemeinschaft der Tat schaffen.“

Mit kleinen Schritten werden immer engere Verbindungen zwischen den beiden Unternehmen geknüpft.

Die Aktivitäten in der Energiewirtschaft haben mir sehr viel Genugtuung bereitet. Auch in Zukunft werde ich meine Stimme erheben, um zu verhindern, daß gewachsene Strukturen zerschlagen werden. Eine Liberalisierung der Energiewirtschaft ist nach den EU-Richtlinien notwendig. Allerdings lassen sie einen ausreichenden Spielraum, um auf die nationalen Bedürfnisse Rücksicht zu nehmen. Es muß durch die nationale Gesetzgebung verhindert werden, daß Oligopole die Preise diktieren, wie das Beispiel der Kraftstoffversorgung zeigt, oder gar die vom Grundgesetz garantierte Daseinsvorsorge der kommunalen Gebietskörperschaften beeinträchtigt wird. Mit einer frühkapitalistischen Markt-Ideologie sind unsere Probleme genauso wenig zu lösen, wie durch eine marxistische Klassen-Ideologie. Beide Systeme verletzen die Würde des Menschen, zerstören die Demokratie und führen zu einem absolutistischen System, wie die Geschichte lehrt.

DIE WAHL ZUM OBERBÜRGERMEISTER

Die Kommunalwahl 1964 in Ludwigshafen war sehr stark geprägt von der Diskussion über die Nachfolge von Oberbürgermeister Dr. Hans Klüber. Zu seinem 60. Geburtstag am 25. November 1962 hatte er die Dezernenten und Fraktionsvorsitzenden in die KANNE nach Deidesheim eingeladen. Dr. Helmut Kohl, der damalige Vorsitzende der CDU-Fraktion, war selbst nicht gekommen. Für die CDU nahm Stadträtin Betty Impertro am Essen teil. In seiner Ansprache erklärte Dr. Klüber, daß er von der Möglichkeit Gebrauch machen würde, nach seinem 62. Lebensjahr in den Ruhestand zu gehen.

Diese Aussage führte innerhalb der SPD zu einer Nachfolgediskussion um das Amt des Oberbürgermeisters. Mehrere Ortsvereine traten an den Stadtverbandsvorstand heran mit dem Vorschlag, die Nominierung der politischen Wahlbeamten nicht in der Fraktion – wie bis dahin üblich –, sondern in einer Delegiertenkonferenz des Stadtverbandes vorzunehmen. Gleichzeitig wurde ich schon als einziger Kandidat für das Amt vorgeschlagen. Die Änderung der Stadtverbandssatzung sollte den Mitgliedern die Chance geben, stärker bei wichtigen kommunalpolitischen Entscheidungen mitwirken zu können. Obwohl die damaligen Partei- und Fraktionsspitzen sich gegen diese Anträge aussprachen, wurde auf der Delegiertenkonferenz die Satzungsänderung mit der notwendigen qualifizierten Mehrheit beschlossen. Dies hatte dann auch persönliche Konsequenzen. Mit der Wahl von Günther Janson zum Stadtverbandsvorsitzenden und der Nominierung von Horst Schork als Spitzenkandidat für die Stadtratsliste vollzog sich ein Generationswechsel. In der Stadtverbandskonferenz begründete Günther Janson diese Empfehlung und wurde dabei insbesondere von Hans Bardens, Fritz Schalk, Willi Kußmaul, Horst Schork, Edgar Hoffmann, Klaus Schäfer und Waldemar Frenzel unterstützt. Die Delegierten entschieden sich mit großer Mehrheit für meine Kandidatur.

Für eine Festlegung der SPD vor der Kommunalwahl gab es mehrere Gründe. Der Wähler sollte wissen, welche personellen Folgen sein Votum für die SPD bei einem späteren Wechsel in der Stadtspitze haben würde. Die Entscheidung in einer Delegiertenkonferenz, in der alle Ortsvereine und Sektionen vertreten sind, sollte die Geschlossenheit der SPD in dieser Frage dokumentieren. Von meinem Bekanntheits- und Beliebtheitsgrad erhoffte sich die Partei ein erfolgreiches Abschneiden bei der Kommunalwahl.

Nach meiner Nominierung als Oberbürgermeister-Kandidat der SPD, begann gegen mich eine heftige demagogische Kampagne der CDU. Sie behauptete wider besseres Wissen, die SPD und ich hätten Dr. Klüber gezwungen, sein Amt vorzeitig aufzugeben. Dieser dementierte eine entsprechende DPA-Meldung ganz entschieden und bestätigte ausdrücklich, daß niemand an ihn mit einem solchen Ansinnen herangetreten sei. Es sei sein eigener freier Entschluß gewesen, vorzeitig in den Ruhestand zu gehen. Dennoch taucht diese abwegige Behauptung bis heute immer wieder einmal auf.

Der Wahlkampf spitzte sich immer weiter zu. In einer Presseerklärung sagte Dr. Kohl wörtlich: „Wir sind nicht gegen einen SPD-Oberbürgermeister prinzipiell, sondern wir sind gegen Dr. Ludwig, weil er nicht qualifiziert ist." Er äußerte die Befürchtung, ich würde als Oberbürgermeister, Parteivorsitzender der pfälzischen SPD, Bezirkstagsvorsitzender und Landtagsabgeordneter über eine zu große, ja beängstigende Machtfülle verfügen. Ich bin kein Machtmensch. Macht übernehmen bedeutete für mich immer: Verantwortung zu tragen und die Möglichkeit zu besitzen, Entscheidungen zum Wohle der Bürger zu treffen oder herbeizuführen. Ich war immer offen für konstruktive Kritik. Nur ein kritischer Mitarbeiter war für mich ein guter Mitarbeiter. Nie habe ich Macht um der Macht willen angestrebt. Die Angriffe gipfelten schließlich in einem Inserat in der RHEINPFALZ mit der Überschrift: „Dr. Ludwig – letzte Hoffnung ehemaliger KP-Funktionäre". Diese Aussage war zuvor in einer Wahlversammlung der CDU gemacht worden. Die RHEINPFALZ hatte darüber nicht berichtet. Deshalb die Anzeige. Da ich die Kommunisten stets als Feinde unserer demokratischen Ordnung aufs heftigste bekämpft hatte, fühlte ich mich durch eine solche Unterstellung verunglimpft und war sehr betroffen.

Meine Freunde Günther Janson, Horst Schork, Fritz Schalk und Peter Hummrich als Kern einer größeren Wahlkampfmannschaft bemühten sich mit mir, diese ständigen Angriffe abzuwehren. Wir saßen fast jeden Abend zusammen, um die weitere Vorgehensweise abzusprechen. Gegen 1.00 Uhr, manchmal auch erst gegen 3.00 Uhr besorgte uns der Geschäftsführer der SPD Ludwigshafen, Josef Kaduk, die Ausgabe der RHEINPFALZ. Wenn falsche Behauptungen von seiten der CDU enthalten waren, wurden noch in der Nacht Flugblätter gedruckt immer mit der Überschrift: „Haben Sie heute schon die RHEINPFALZ gelesen?", die schon ab 6.00 Uhr beim Schichtwechsel vor den Toren der BASF verteilt wurden. So konnten wir verhindern, daß Unwahrheiten in das Unterbewußt-

Ein guter Schluck zur Stärkung: Während einer „Sieben-Burgen-Wanderung" bei Schönau mit Margot und Manfred Vogt. Hund „Wuschel" betrachtet die Szene kritisch

sein eingingen. Zwar gab es damals schon Stimmen, man solle Dr. Kohl nicht so ernst nehmen. Wir waren uns jedoch einig, daß wir nur dann bestehen könnten, wenn wir ihm entschieden entgegentreten würden. Das Ergebnis gab uns recht.

Die außerordentlichen Belastungen der beiden letzten Jahre, die zusätzliche nächtliche Beanspruchung im Wahlkampf, vor allem aber die persönlichen Angriffe des politischen Gegners, hatten mir derart zugesetzt, daß ich wenige Tage vor der Kommunalwahl mit dem Verdacht auf einen Herzinfarkt – der sich leider bestätigte – ins Krankenhaus eingeliefert werden mußte. An der Abschluß-Kundgebung in der überfüllten VTV-Halle in Mundenheim mit Fritz Erler, in der auch Günther Janson und Horst Schork sprachen, konnte ich nicht mehr teilnehmen. Es dauerte fast vier Monate, bis ich wieder voll arbeitsfähig war. Es war ein Warnschuß, den ich ernst nahm. Trotz eines ständig enormen Arbeitspensums fand ich die Zeit für regelmäßige Spaziergänge an Sonntagen – dies war auch für die Familie sehr wichtig –, Familie Schalk war oft mit von der Partie. Nachdem die Kinder ihre eigenen Wege gingen, kam es zu Wanderungen mit guten Freunden. Bei der Überreichung des KURPFALZRINGS, der mir für meine Verdienste um den Rhein-Neckar-Raum verliehen wurde, schilderte Hermann Fünfgeld, Intendant des Süddeutschen Rundfunks Stuttgart, in seiner Laudatio diese Aktivitäten folgendermaßen: „Sie lassen sich von politischen und persönlichen Freunden durch den Pfälzerwald begleiten und greifen dabei gerne auf benachbarte Kommunalpolitiker aus Mannheim zurück. Mir wurde gesagt, daß diese Touren durch den Pfälzerwald mit der Bezeichnung des Kurpfälzer ‚Hüttenkabinettes‘ verbunden sind und jenen Teil des politisch-kulturellen Genusses beinhalten, der eben mit einem guten Pfälzer Schoppen, sei es aus Riesling oder mit einem guten Rotwein endet. Wenn dazu der berühmte ‚Weiße Käs‘ mit Bratkartoffeln oder die ‚Pälzer Lewwerworscht‘ gereicht werden, ist es ein Hochgenuß für den lebensfrohen Wanderer." Auch sonstige sportliche Aktivitäten, wie Radfahren, Tennisspielen, Skifahren und Schwimmen haben dazu beigetragen, daß ich bis heute einigermaßen gesund geblieben bin.

Beifall nach der Wahl zum Oberbürgermeister
(vorne Horst Schork und Fritz Schalk, im Hintergrund von links
nach rechts Hans Lutz, Peter Hummrich und Willi Kußmaul)

Bei der Wahl am 25. Oktober 1964 erhielt die SPD 58,4 % gegenüber 54,9 % im Jahre 1960. Es war das beste Wahlergebnis, das die SPD bei Kommunalwahlen in Ludwigshafen je erzielte. Die CDU fiel knapp von 34,7 % auf 34,6 % zurück, die F.D.P., die sich ebenfalls gegen mich ausgesprochen hatte, verlor 3,4 % und erreichte noch 7 % der Wählerstimmen. Die SPD gewann 2 Sitze hinzu, die der F.D.P. verloren gingen. Mit 30 von 51 Sitzen verfügte die SPD über eine klare Mehrheit. Damit gab es keinen Zweifel, daß ich im Stadtrat zum Oberbürgermeister gewählt werden würde. Dr. Kohl versuchte dennoch bis zuletzt, meine Wahl zu hintertreiben. Nach der damaligen rheinland-pfälzischen Gemeindeordnung konnte auch ein Kandidat gewählt werden, der sich nicht beworben hatte. Die CDU schlug in der Stadtratssitzung am 14. Mai 1965 Dr. Kurt Becker-Marx, ehemaliger Landrat des Kreises Ludwigshafen und Mitglied der SPD – wir kannten uns schon vom SDS in Mainz – als Gegenkandidaten vor, obwohl dieser ausdrücklich schriftlich mitgeteilt hatte, daß er nicht kandidieren wolle. Die Wahl ging mit 30 zu 20 Stimmen zu meinen Gunsten aus. Die SPD hatte sich nicht auseinanderdividieren lassen. Die Rechnung des CDU-Fraktionsvorsitzenden, meine Wahl durch einen anderen SPD-Kandidaten zu verhindern, ging nicht auf. So konnte ich am 1. Juli 1965 mein Amt als Oberbürgermeister antreten.

Die Familie hat inzwischen in der Pommernstraße ihre Heimstätte gefunden. Die Eltern mit ihren Töchtern Simone und Ruth und Sohn Stefan

LUDWIGSHAFEN –
WEGE ZUR „MENSCHLICHEN STADT"

D ie SPD hatte die „Menschliche Stadt" zum Ziel ihrer Politik erklärt. War dies nur ein Schlagwort im Wahlkampf
oder eine unrealistische Utopie? Um eine Antwort geben
zu können, muß zunächst geklärt werden, was damit gemeint ist.
Nach meinem Verständnis muß das polititsche Handeln auf die
Bedürfnisse der Menschen ausgerichtet sein. Dabei geht es nicht
nur um die Befriedigung materieller Ansprüche. Die Bürger müssen sich in der Stadt wohl und geborgen fühlen, sie muß Heimat
für sie sein. Dies ist möglicherweise eine Vision, die jedoch Richt-
schnur für alle Entscheidungen sein muß.

Der STÄDTETAG hatte bei der Jahreshauptversammlung 1973 in
Dortmund das Thema „Wege zur menschlichen Stadt" zum Gegen-
stand der Beratungen gemacht. Hans Koschnick, der langjährige
Bürgermeister von Bremen, hat in seinem Grundsatzreferat dafür
folgende Prioritäten aufgezeigt:
    „– für eine höhere Umweltqualität
    – für den sozialen Ausgleich
    – für eine höhere Qualität des Wohnens
    – für die kulturelle Qualität der Stadt
    – für die Mitarbeit der Bürger".
Vieles von dem, was Koschnick damals ausgeführt hat, ist auch
nach 25 Jahren noch gültig. Dennoch werde ich versuchen, aus
heutiger Sicht und meiner eigenen Erfahrung einige zusätzliche
Schwerpunkte und Wege aufzuzeigen. So ist der Beitrag der Stadt

Das älteste Stadtratsmitglied Fritz Bassemir, Ortsvorsteher von Oggersheim, führt Werner Ludwig als Oberbürgermeister ein

für die Schaffung und Erhaltung von Ausbildungs- und Arbeitsplätzen im Rahmen ihrer Möglichkeiten und in ständigem Kontakt mit Wirtschaft, Handwerk und Gewerkschaften eine zentrale Aufgabe. Arbeit ist nicht nur eine Voraussetzung dafür, selbst den Lebensunterhalt bestreiten zu können, sondern sie gehört zu den Grundanliegen der Menschen, weil sie sich durch ihre Arbeit bestätigt fühlen. Die Gemeinde muß günstige Voraussetzungen für Betriebsansiedlungen und -erweiterungen schaffen. Dazu gehören ebenso die Ausweisung von Gewerbegelände im Flächennutzungsplan wie die Bereitstellung von Grundstücken und eine gute Infrastruktur. Eine gute Beschäftigungslage ist in der Regel auch eine Voraussetzung für die Wirtschafts- und Steuerkraft der Stadt und damit die Grundlage für die Finanzierung kommunaler Aufgaben. Trotz der „Globalisierung der Wirtschaft", die manche Verzerrung bringt, behalten diese Maßstäbe ihre Gültigkeit. Der Ludwigshafener Stadtrat war schon immer aufgeschlossen, wenn es um Betriebsansiedlungen ging. Dies zeigte sich bereits an dem Beispiel der Betriebsgenehmigung für die BASF AG. Nachdem der Mannheimer Bürger-Ausschuß am 12. April 1865 die Ansiedlung der BASF abgelehnt hatte, beschloß der Stadtrat in Ludwigshafen bereits am 21. April 1865 einstimmig, eine Konzession zu erteilen. Die bayerische Regierung stimmte am 8. Mai 1865 zu. Mit dem Bau des Betriebes wurde bereits am 15. Mai begonnen! Ganz so einfach und so schnell geht es heute nicht mehr! Natürlich spielen auch viele andere Faktoren für die Standortqualität eine Rolle, auf die ich noch eingehen werde.

WOHNQUALITÄT UND SOZIALER AUSGLEICH

Wohnqualität und sozialer Ausgleich wurden auf dem STÄDTETAG 1973 als eine wichtige Aufgabe auf dem Weg zur menschlichen Stadt hervorgehoben. Im Zusammenhang mit dem Bericht über die Aktivitäten im Sozialdezernat bin ich schon auf die Entwicklung in Ludwigshafen eingegangen. So ging es nach 1945

*Oberbaudirektor Georg Ziegler erläutert die
Pfingstweidebebauung. Links neben ihm Bürgermeister
Hanns Astheimer und Horst Schork – hinter ihm Direktor
Dr. Moell von der BASF AG*

darum, möglichst viele Wohnungen zu bauen. Deshalb mußte in den Bebauungsplänen ein relativ hoher Anteil der bebaubaren Flächen für Mietwohnungen in mehrgeschossigen Gebäuden ausgewiesen werden. Dennoch wurden von Anfang an in allen neuen Baugebieten auch Bereiche für Einfamilienhausbebauung vorgesehen. In welche Zwänge Stadt und Planer manchmal gerieten, kann am Beispiel PFINGSTWEIDE aufgezeigt werden. Ursprünglich war für das rund 60 Hektar große, im Norden der Stadt liegende Gelände eine überwiegend vier- bis fünfgeschossige Bebauung mit einigen neungeschossigen Punkthäusern geplant. Insgesamt sollten rund 1500 vor allem von der GAG zu bauende Wohnungen für 4000 Einwohner entstehen. Die BASF trat in Kenntnis dieser Planung mit dem Wunsch an die Stadt heran, in diesem Gebiet zusätzlich Wohnungen für ihre Mitarbeiter errichten zu können. Mit der Neuplanung wurde der renomierte Architekt Professor Albert Speer beauftragt, der in diesem Gebiet den Bau mehrerer Hochhäuser vorsah, die zu einer erheblichen Verdichtung führten. Auf der Grundlage des daraus abgeleiteten Bebauungsplanes konnten 3000 Wohnungen für rund 8000 Einwohner errichtet werden. Wer aus dem Norden nach Ludwigshafen einfährt, ist möglicherweise betroffen von der Wucht und der Höhe der Gebäude. Er kann nicht wissen, daß es nur dadurch möglich war, viele Familien wesentlich früher als mit der ursprünglich der Landschaft stärker angepaßteren Planung mit Wohnraum zu versorgen. Die größere Einwohnerzahl war auch ein wichtiger Faktor für eine bessere Infrastruktur des neuen Stadtteils. Jedes neue Baugebiet hat seine Integrationsprobleme. Nach einigen Jahren entstand in der Pfingstweide ein Zusammengehörigkeitsgefühl und ein Stadtteilbewußtsein. Für die meisten Bewohner ist die Pfingstweide zur neuen Heimat geworden.

Dem zunehmenden Wunsch nach dem eigenen Heim konnte die Stadt in den neuen Baugebieten Rechnung tragen. Mit der Initiative „Kostengünstiges Bauen", das vom Baudezernenten Joachim Kuke initiiert wurde, konnten auch Familien mit mittlerem Einkommen Eigentum erwerben.

Die Wohnqualität älterer Wohngebiete entsprach nicht mehr den Erwartungen der heutigen Zeit. Dies galt insbesondere für den Stadtteil Nord. Vor den Toren der BASF entstand Ende des 19. und Anfang des 20. Jahrhunderts der „Hemshof", die erste größere Wohnsiedlung der jungen Stadt. Sie blieb von Kriegszerstörungen weitgehend verschont. Die Bausubstanz der einzelnen Gebäude war überwiegend schlecht. Es gab allerdings auch Häuser mit ansprechenden Jugendstil-Fassaden, die erhaltenswert erschienen. Um die Entwicklung nicht dem Zufall zu überlassen, sondern ordnend eingreifen zu können, erklärte der Stadtrat den rund 50 Hektar großen Stadtteil zum Sanierungsgebiet.

Zunächst entstand eine große Unruhe, vor allem bei den Gewerbetreibenden. Sie befürchteten erhebliche Geschäftseinbrüche. In mehreren, zum Teil stürmischen Bürgerversammlungen haben wir unsere Vorstellungen für eine Neuordnung erläutert. Es wurde u.a. angeregt, die Bürger stärker in die Entscheidungen einzubinden. So wurde ein Sanierungsbeirat gebildet, der dann durch fünf Betroffenenbeiräte ergänzt wurde. Ihm gehörten gewählte Vertreter der verschiedenen Bewohnergruppen (Mieter, Eigentümer, Gewerbe, Ausländer usw.) an. Außerdem wurde in einem modernisierten Haus eine städtische Sanierungsberatungsstelle für alle betroffenen und interessierten Bürger eingerichtet.

Bevor mit dem Abriß der nicht erhaltungsfähigen Gebäude begonnen wurde, mußte neuer Wohnraum geschaffen werden, um die sonst obdachlos werdenden Familien unterzubringen. Die GAG errichtete am nördlichen Rand des Sanierungsgebietes – gegenüber dem südlichen Teil der BASF – ein langgestrecktes, in der Höhe abgestuftes Gebäude. Es diente gleichzeitig der Lärmabschirmung gegenüber der BASF für das gesamte Wohngebiet. Nähere Untersuchungen ergaben dann, daß es doch möglich war, eine größere Anzahl von Gebäuden zu erhalten und zu modernisieren. Deshalb wurde das ursprüngliche Konzept einer größeren Flächensanierung aufgegeben. So konnte der Charakter und die Atmosphäre des Hemshofs erhalten werden. Die Stadt selbst erwarb ein Haus, das umgebaut wurde, um nachzuweisen, daß es sich lohnen würde, das eigene Haus instandzusetzen. Viele private Hauseigentümer haben dann diesen Weg gewählt.

Große Schwierigkeiten bereitete die Verlagerung eines Industriebetriebes, ohne die der östliche Bereich des Gebiets nicht hätte neu geordnet werden können. Die langwierigen Grundstücksverhandlungen schienen zu scheitern. Durch ein persönliches Gespräch mit dem Eigentümer, Senator Fritz L. Brune, konnte eine Einigung zunächst per Handschlag erzielt werden, die dann auch rechtlich abgesichert wurde. Das gegenseitige Vertrauen ermöglichte nicht nur einen Kompromiß, sondern führte zu einer freundschaftlichen Verbundenheit, die erst mit dem Tode von Herrn Brune ihr Ende fand.

Durch die Einbindung der verschiedenen Bevölkerungsschichten wurde ein weitgehender Konsens erreicht. Ein Vorschlag der Stadt stieß jedoch auf erheblichen Widerstand. Zur Abschirmung der im Osten geführten Zufahrtsstraße zur BASF war eine Lärmschutz-Wohnbebauung geplant, die vor allem den Anwohnern in den nahegelegenen Gebäuden dienen sollte. Die Wohn- und Schlafräume der neuen Häuser waren von der Straße und damit von der Lärmseite abgewandt, um auch die Wohnqualität für die neuen Mieter zu gewährleisten. Einige Anwohner der etwa 100 Meter entfernt gelegenen Häuserfront hatten erhebliche Bedenken. Sie befürchteten eine schlechtere Durchlüftung. Die in den oberen Stockwerken wohnenden Einsprecher wollten nicht auf die Sicht zum Odenwald verzichten. Sie gründeten eine Bürgerinitiative, die über den engeren Kreis hinaus Zuspruch fand. Kommunistische Gruppen unterschiedlicher Schattierung, die im Hemshof angesiedelt waren, schürten die Unzufriedenheit. In drei stürmischen Bürgerversammlungen versuchten wir die Einsprecher von der Notwendigkeit der Bebauung zu überzeugen. Vorgebrachte Anregungen wurden übernommen. So wurde eine Tiefgarage eingeplant, um zusätzlichen Platz für Spielplätze und Grünanlagen zu schaffen. Durch Öffnung der Häuserfront wurde dem Wunsch nach besserer

*Heinrich Ries in seiner nachdenklichen Art im Gespräch mit dem
Finanzminister und späteren Ministerpräsidenten von
Rheinland-Pfalz, Carl-Ludwig Wagner*

Durchlüftung Rechnung getragen. Dennoch waren die Einsprecher nach wie vor gegen das Projekt. Wir haben uns schließlich entschlossen, das Vorhaben mit den aufgenommenen Verbesserungen trotzdem zu verwirklichen. Einer der hartnäckigsten Einsprecher hat mich später in seine Wohnung eingeladen und sich bedankt, daß wir konsequent geblieben waren. Er wohnte mit seiner Familie viel ruhiger und angenehmer als vorher. Dieses Beispiel zeigt, daß man in der Kommunalpolitik – genau wie in anderen Bereichen – neben der Bürgernähe auch Durchstehvermögen haben muß.

Wenn die Sanierung in den entscheidenden Jahren erfolgreich verlaufen ist, so ist dies in erster Linie dem Sozial- und Wohnungsbaudezernenten Günther Janson zu verdanken. Ortsvorsteher Heinrich Ries, der sich auch als Stadtrat und als stellvertretender Betriebsratsvorsitzender in der BASF große Verdienste erworben hat, war mit eine treibende Kraft. Beide haben mit viel Einfühlungsvermögen und Geduld, aber auch mit dem notwendigen Nachdruck die Sanierung vorangetrieben. Leider (und dennoch verständlicherweise) konnten nicht alle Probleme gelöst werden. Etliche Häuser wurden aus unterschiedlichen Gründen nicht modernisiert und die Wohnungen überwiegend von Ausländern, vor allem von Türken bezogen. Dadurch gibt es im Hemshof einen überdurchschnittlich hohen Ausländeranteil. Dies bereitet vor allem in den Grund- und Hauptschulen erhebliche Probleme. Der Weg zur „Menschlichen Stadt" ist kein Spaziergang und bedarf immer neuer Anstrengungen.

Damit kann ich überleiten zu den ebenfalls schon angesprochenen Bemühungen um einen sozialen Ausgleich. Meine Nachfolger als Sozialdezernenten, Günther Janson von 1965 bis 1985 und anschließend Dr. Wolfgang Schulte, bis er 1993 meine Nachfolge als Oberbürgermeister antrat, haben die begonnene Arbeit weitergeführt und neue Akzente gesetzt. So entstand in der fast zwanzigjährigen Aera Janson ein umfassendes Angebot an Altentagesstätten, Altenwohnheimen und Pflegeheimen. Viele ältere Bürger

111

fühlen sich ihm heute noch aufs Engste verbunden. Ludwigshafen hat auch sehr früh – zusammen mit den Kirchen, freien Wohlfahrtsverbänden und Elterninitiativen – Einrichtungen zur Betreuung von Behinderten errichtet. Der Stadt ist es dabei gelungen, Teile der Region in eine gemeinsame Nutzung einzubinden.

UMWELTORIENTIERTE STADTENTWICKLUNG

„Wer die menschliche Stadt will, muß sich für eine höhere Umweltqualität entscheiden ..". Diese Aussage von Hans Koschnick beinhaltet eine Vielzahl von Aspekten, auf die noch näher einzugehen ist. Sein Hinweis: „Dabei steht die Lösung der Verkehrsprobleme an erster Stelle" war damals auch für Ludwigshafen gültig. Die ständige Zunahme des Individualverkehrs bereitet auch heute noch vielen Städten erhebliche Sorgen. Die Stadt Ludwigshafen hat die Problematik früh erkannt. Bereits 1953 wurde ein Verkehrsgutachten in Auftrag gegeben. Ziel war, den Durchgangsverkehr aus den Stadtteilen und der Innenstadt herauszunehmen. 1957 konnte ein erster Gesamtverkehrsplan veröffentlicht werden. Ludwigshafen war besonders stark betroffen durch die Pendlerströme sowohl nach Ludwigshafen (bei rund 110 000 Arbeitsplätzen, davon einschließlich Fremdfirmen rund 60 000 innerhalb der BASF) als auch nach Mannheim und Umgebung. Der Verkehr rollte durch die Wohn- und Geschäftsstraßen der einzelnen Stadtteile, vor allem der Innenstadt. Eine erste Entlastung entstand mit dem Bau der neuen Rheinbrücke (später nach Konrad Adenauer benannt). Der starke rheinüberquerende Durchgangsverkehr konnte teilweise durch eine 900 Meter lange Hochstraße aus dem innerstädtischen Verkehrsnetz herausgenommen werden. Mindestens so belastend wie die Anbindung über die alte Rheinbrücke war die Zufahrt zur BASF. Ein großer Teil des Pendlerverkehrs quälte sich über ein schmales Viadukt – auf dem noch die Straßenbahn fuhr –, das die rund 200 Meter breiten Gleisanlagen des Sackbahnhofs überspannte. Westlich davon gelegene Bahnübergänge waren ebenerdig und mit Schranken versehen. Der Stau morgens und abends reichte bis weit in die Wohn- und Geschäftsstraßen hinein. Mit der Bahnhofsverlegung ergaben sich zusätzliche Chancen, den Verkehr durch Verlagerung auf leistungsfähige Straßen aus der Stadt herauszuhalten. Da die Konrad-Adenauer-Brücke den zunehmenden Verkehr nicht mehr aufnehmen konnte, mußte eine zweite Brücke – nach Kurt Schumacher benannt – gebaut werden. Die Planer entschieden sich wiederum für eine Anbindung über eine Hochstraße, damit der Individualverkehr nicht einen neuen Riegel für die Fußgänger bildete und die Anwohner belastete. Durch einen Verkehrsknoten vor der Rheinbrücke konnte der gesamte Durchgangsverkehr zur BASF und über den Rhein aus der Innenstadt herausgenommen werden. Nur dadurch war es möglich, die Ludwig- und Bismarckstraße sowie die Prinzregentenstraße zu Fußgängerzonen umzugestalten, ein entscheidender Schritt auf dem Weg zu einer menschlichen Stadt. Geschäfte in einer Fußgängerzone bieten nicht nur die Möglichkeit, ungestört einzukaufen. Sie bestimmen die Atmosphäre einer Stadt. Für die Bewohner dieser Straßen gab es im wahrsten Sinne des Wortes ein Aufatmen nach Wegfall der Abgas- und Lärmbelästigung.

Nicht alle Hoffnungen, die an die Umwandlung geknüpft waren, sind in Erfüllung gegangen. Die erste Pflasterung der Fußgängerzone hat sich als mangelhaft erwiesen und mußte nach einigen Jahren erneuert werden. Vor allem aber wurde der nördliche Teil der Innenstadt mit dem Rathaus-Center wesentlich attraktiver als der südliche Teil, nachdem der KAUFHOF als Vollwarenhaus aufgegeben wurde. Die Fußgängerfrequenz in der Ludwigstraße ging zurück, die Geschäftslage verschlechterte sich. Trotz aller Bemühungen, die Situation zu verbessern, z.B. durch Umgestaltung des Ludwigsplatzes und der Erhaltung der Straßenbahn (mit einer zentralen Haltestelle) ist es nicht gelungen, den Trend umzukehren. Ob es mit einer neuen Haltestelle der Regionalbahn und einer weiteren Umgestaltung des Berliner Platzes möglich sein wird, einen Durchbruch zu erzielen, bleibt abzuwarten.

Stadthaus Nord mit Viadukt vor und nach der Verlegung des Hauptbahnhofes

Die Bismarckstraße vor und nach dem Umbau
zur Fußgängerzone

Eine entscheidende Voraussetzung für die Neugestaltung der Innenstadt war die Bahnhofsverlegung. Sie wurde auch in früheren Jahrzehnten immer wieder erwogen, dann aber wegen der technischen Probleme und des finanziellen Aufwandes aufgegeben. Der rund zweihundert Meter breite Gleisbereich bildete einen Riegel zwischen dem älteren Stadtteil Nord-Hemshof und der später entstandenen Innenstadt. Mit der Elektrifizierung bzw. Umstellung auf Diesel-Loks wurde der Sackbahnhof zu einer zusätzlichen zeitlichen und finanziellen Belastung für die Bahn, nachdem die Versorgungsfunktion für Dampflokomotiven in Ludwigshafen entfallen war. Die Ingenieure hatten inzwischen ein Konzept entwickelt, mit dem alle Richtungsfahrten über einen zweigeschossigen Bahnhof abgewickelt werden konnten.

Die Verhandlungen wurden Ende der fünfziger Jahre zwischen der Bundesbahn und der Stadt aufgenommen. Schließlich gab es in der entscheidenden Frage der Finanzierung eine Einigung, die sich im Nachhinein als problematisch erweisen sollte. Der Stadtrat stimmte im Juli 1961 dem Vertrag einmütig, ja wie aus der Berichterstattung zu entnehmen, „freudig" zu. Es war die Rede von einem „Ehrenblatt der Stadtgeschichte". Der Fraktionsvorsitzende der SPD, Friedrich-Wilhelm Wagner, sprach von einer Revolutionierung des Ludwigshafener Stadtbildes, der CDU-Fraktionsvorsitzende Dr. Helmut Kohl von einer „Sternstunde" für die Stadt. Der Vertrag wurde in einer Feierstunde am 14. Februar 1962 von meinem Vorgänger Dr. Hans Klüber unterzeichnet.

Die Grundsteinlegung für das Hauptbahnhofsgebäude erfolgte im Februar 1967. Mit den technischen Arbeiten wurde wesentlich früher begonnen. Die Einweihungsfeier fand am 29. Mai 1969 in Anwesenheit von Bundesverkehrsminister Georg Leber statt. Die Bevölkerung hat kräftig mitgefeiert. Für den Abend war ein großes Feuerwerk auf der Hochstraße angekündigt. Es wehte ein heftiger Südwind. Deswegen war zu befürchten, daß Funken auf ein auf dem Bahnhofsvorplatz stehendes Zelt niedergehen könnten. Die Feuerwehr wies mich auf die Gefahr hin. Die Menschen wären

*Bundesverkehrsminister Georg Leber bei der Inbetriebnahme des
neuen Hauptbahnhofes*

natürlich ungeheuer enttäuscht gewesen, wenn das Spektakel nicht stattgefunden hätte. Da der Zeitplan wegen des Zugverkehrs ein-gehalten werden mußte, konnte der Beginn auch nicht verschoben werden. Schließlich einigten wir uns darauf, während des Feuer-werks das Zeltdach zu berieseln. Die Begeisterung über das gelun-gene Feuerwerk war rießengroß. Die mit dem neuen Bahnhof ver-bundene Erwartung der Menschen hat sich allerdings leider nicht erfüllt. Nachdem Mannheim zum Verkehrsknotenpunkt ausgebaut worden war, hielten in Ludwigshafen immer weniger Züge. Bahn-hof und Bahnhofsvorplatz befinden sich in einem unansehnlichen Zustand trotz mehrmaliger Intervention durch die Stadt, die leider keinen Einfluß (mehr) auf Entscheidungen der Bundesbahn neh-men kann.

Die finanzielle Abwicklung des Bahnhof-Projekts bereitete große Sorgen. Der Vertrag sah vor, daß von den geschätzten Kosten in Höhe von 90 Millionen DM die Bundesbahn 30 Millionen zu über-nehmen hatte. Die Stadt erhielt für die von ihr zu zahlenden 60 Mil-lionen Zuschüsse von Bund und Land von je 15 Millionen. Mehr-kosten waren nach dem Vertrag von der Stadt zu zwei Dritteln, von der Bundesbahn zu einem Drittel zu tragen. Tatsächlich mußten für den neuen Bahnhof 157 Millionen aufgewandt werden. was zu einer zusätzlichen Belastung der Stadt von rund 45 Millionen geführt hätte. Dank des Gemeindeverkehrsfinanzierungsgesetzes, das nach Bildung der Großen Koalition beschlossen wurde, erhiel-ten wir weitere Zuschüsse vom Bund. Der öffentliche Nahverkehr wurde ab 1. Januar 1967 aus den Einnahmen der Mineralölsteuer mitfinanziert. Zusammen mit Dr. Hans Bardens suchte ich den Staatssekretär im Bundesverkehrsministerium, Karl Wittrock, auf, den wir noch aus der Studentenzeit kannten. Hans Bardens konn-te ihn anhand der Bundestagsprotokolle überzeugen, daß eine Finanzierung des Bahnhofs nach dem neuen Gesetz möglich sei. Der Bundesverkehrsminister Georg Leber schloß sich dieser Auf-fassung an. Zu den von der Stadt zusätzlich aufzubringenden 45 Millionen DM zahlte der Bund 38 Millionen DM, entsprechend dem damaligen Fördersatz von 75 %. Die Stadt erhielt außerdem 7 Millionen vom Land Rheinland-Pfalz, für die sich der damalige Ministerpräsident Dr. Helmut Kohl eingesetzt hatte. Damit blieb es bei der ursprünglich vorgesehen Belastung von 30 Millionen DM. Die 36 Millionen für den Stadtbahntunnel unter dem Bahnhof waren dagegen von der Stadt fast ausfinanziert, so daß nur noch geringe Zuschüsse flossen.

Der Vertrag über die Bahnhofsverlegung enthielt keine Bestimmung über den Erwerb des alten Bahnhofsgeländes durch die Stadt, ohne das eine Umgestaltung der Innenstadt nicht möglich gewesen wäre. Nach langwierigen Verhandlungen konnte ein vertretbarer Preis ausgehandelt werden. Durch den Verkauf eines Teils des Geländes an den Norddeutschen Immobilienfonds für den Bau des Rathaus-Centers und die Einbeziehung der Grundstückskosten in die Bezuschussung der Hochstraße Nord, wurde die Stadt durch den Grunderwerb nicht belastet.

Die Bebauung des freigewordenen Bahnhofsgeländes gestaltete sich recht schwierig. Ursprünglich hatte ein Investor vor, drei Wohnhochhäuser zu errichten. Anfang der siebziger Jahre verschlechterte sich jedoch die Vermarktung von Wohnungseigentum. In einigen Städten waren schon Bauruinen entstanden. Das Projekt wurde deshalb aufgegeben. Konzipiert wurde dann ein Einkaufszentrum mit einem Hochhaus für ein zentrales Rathaus, das in Ludwigshafen noch fehlte. Die Verwaltung war auf fünf Gebäude verteilt. Geplant wurde der Gesamtkomplex von dem Bonner Architekten Ernst van Dorp. Innerhalb der SPD-Fraktion gab es erhebliche Bedenken, ob dieses Konzept mit einem Rathaus von der Bürgerschaft akzeptiert werden würde, zumal sich auch in Ludwigshafen die Finanzlage Mitte der siebziger Jahre verschlechtert hatte. Ohne Rathaus wäre jedoch die Bebauung nicht möglich gewesen, ein gewichtiges Argument, das mithalf, die Skeptiker zu überzeugen. Der damalige Kämmerer, Dr. Knut Weber, vereinbarte mit der Norddeutschen Landesbank eine Fondsfinanzierung, die der Stadt erhebliche Zinseinsparungen brachte. Außerdem war ein Festpreis von 60 Millionen vereinbart, zu dem nach Ablauf von 15 Jahren

Vor dem neuen Rathaus

abzüglich der getätigten Tilgung die Stadt das Rathaus erwerben
konnte. Schließlich ist es mir gelungen, die Zustimmung meiner
Parteifreunde zu erlangen und im Stadtrat eine breite Mehrheit für
das Projekt zu finden. Mit dem Bau wurde im September 1976
begonnen. Die Einweihung erfolgte am 4. Mai 1979. Die Resonanz
in der Bevölkerung war durchaus positiv. Mit dem neuen Haus war
es möglich, zum Teil weit auseinander liegende Dienststellen zu
konzentrieren und dadurch rationeller zu arbeiten. Ein Rathaus hat
darüber hinaus symbolischen Wert. Es soll die Eigenständigkeit der
Gemeinde und den Bürgersinn dokumentieren. Eingebunden in
das pulsierende Leben der stark frequentierten Fußgängerverbin-
dung zwischen Hemshof und Innenstadt im Einkaufscenter bildet
das Rathaus einen städtischen Mittelpunkt. Schon im Mittelalter
stand das Rathaus als Wahrzeichen für Bürgerbewußtsein und Bür-
gerstolz im Zentrum einer Siedlung. Der Platz vor dem Rathaus war
Marktplatz und Festplatz der Ortschaft.

Für die Innenstadt hatte die Bahnhofsverlegung noch weitere
positive Folgen. Mehrere störende Industriebetriebe, die sich in
unmittelbarer Nachbarschaft zu Wohnbereichen befanden, mußten
verlagert werden. Das führte zu einer wesentlichen Verbesserung
der Wohnsituation, zumal auf dem freigewordenen Gelände Plät-
ze und Grünanlagen geschaffen werden konnten. Zu einem späteren Zeitpunkt verlegte GRÜNZWEIG + HARTMANN die Produktionsanlage. Durch den Erwerb des freigewordenen Geländes konnte der Friedenspark angelegt werden. Dadurch entstand eine Grün-
verbindung von der Innenstadt bis zu den Freiflächen im Westen
und im Norden der Stadt.

Bei der Planung hat sich der langjährige Oberbaudirektor Georg
Ziegler große Verdienste erworben. Mit dem Gespür für eine leben-
dige und umweltgerechte Stadt hat er Zeichen gesetzt und das
Stadtbild geprägt. Seine Nachfolger Gerhard Schoenmakers und
Joachim Kuke konnten darauf aufbauen, begonnene Werke vollenden und neue Ideen entwickeln. Für die Grünplanung und
deren Realisierung hat der Leitende Obergartenbaudirektor Viktor

von Medem gute Arbeit geleistet. Innerhalb von dreißig Jahren entstanden rund 800 Hektar gestaltete Grünflächen. Wer im Frühjahr oder Sommer über die Stadt schaut, wird – vielfach mit Erstaunen – feststellen, daß Ludwigshafen eine Stadt im Grünen ist und deshalb auch so genannt werden kann. Viktor von Medem wurde für diese Leistungen am 24. Juni 1987 in Regensberg (Schweiz) mit dem Dr.-Rudolf-Maag-Preis ausgezeichnet. Karl Heinz Hanisch, Chefredakteur der Zeitschrift „Mein schöner Garten", schildert in seiner Laudatio die eindrucksvolle Grüngestaltung der Stadt Ludwigshafen. Sein Nachfolger, Hans-Friedrich Buchholz, hat die Arbeit erfolgreich weitergeführt.

Landwirtschaftliche Gebiete und Grünflächen sollten außerdem verhindern, daß die Stadtteile zusammenwachsen. Damit wurde ein doppeltes Ziel erreicht: Die Durchlüftung und Naherholung und gleichzeitig eine optisch wahrnehmbare räumliche Abgrenzung der Stadtteile. Wenn keine natürlichen Grenzen vorhanden sind, besteht zumindest für neu entstandene Stadtteile die Gefahr, in der Anonymität einer Großstadt ihren Eigencharakter zu verlieren. Dadurch ginge ein wichtiger Faktor der Geborgenheit und des Zugehörigkeitsgefühls – ein Stück Heimat – verloren. Zwischenmenschliche Kontakte sind in einem Stadtteil mit Eigencharakter und Eigenleben leichter zu knüpfen als in einer annonymen Großstadt.

Auch Kleingärten sind Bestandteile der Grünzüge der Stadt. Sie haben in Ludwigshafen eine lange Tradition. Angesichts der dichten Bebauung im Hemshof und in der Innenstadt suchten viele Menschen Erholung in Gartenanlagen. Die Stadt stellte das Gelände zur Verfügung und sorgte für die Erschließung. Ein aktives Vereinsleben verbindet die Menschen. Die einzelnen Kleingartenvereine haben sich zu einem Stadtverband zusammengeschlossen, der für eine einheitliche Entwicklung sorgte. Der langjährige Vorsitzende August Wagner, Ortsvorsteher von Friesenheim, wurde zu recht der Vater der Kleingärtner genannt. Sein Werk wurde von seinem Nachfolger Kurt Albrecht erfolgreich weitergeführt. So wurden die

Nach der Baumpflanzung in der Roßlache unterhalten sich
Professor Dr. Wolfgang Humke und Dr. Detlef Dibbern mit dem
Oberbürgermeister

Gartenanlagen frühzeitig für die Allgemeinheit geöffnet und übernehmen damit die Funktion von Parkanlagen.

Ein wichtiger Beitrag zur Verbesserung der Grün- und Land-
schaftsgestaltung in unserer Stadt hat der GRÜNE KREIS geleistet
unter dem langjährigen Vorsitz des ehemaligen Ärztlichen Direktors
des Marienkrankenhauses, Professor Dr. Wolfgang Humke. Durch
seine Aktivitäten hat er Zeichen gesetzt und viele Bürger zur aktiven Mitarbeit gewinnen können. So konnten z. B. zusätzliche
Bäume gepflanzt und jährlich mit großem Erfolg ein Blumen-
schmuckwettbewerb organisiert werden. Wie in vielen anderen
Bereichen wirkt sich auch hier das ehrenamtliche Engagement
segensreich aus.

Zum Thema Individualverkehr muß der Vollständigkeit halber
noch auf die Entlastung der Stadtteile durch Umgehungsstraßen
eingegangen werden. Weitgehend einvernehmliche Lösungen
konnten für den Norden (Edigheim und Oppau), Oggersheim-
West, Rheingönheim und Maudach gefunden werden. Erheblichen
Widerstand gab es beim Bau der Umgehungsstraße Süd-Ost in
Oggersheim und der Umgehungsstraße zur Entlastung der von-
Kieffer-Straße in der Gartenstadt. Zwei geplante Umgehungsstraßen konnten angesichts des Widerstandes der Bevölkerung und
der Ortsbeiräte nicht realisiert werden – in Oggersheim Nord-Ost
und in Friesenheim. In einer stürmischen Bürgerversammlung in
Friesenheim im Juni 1983 hat sich eine überwiegende Mehrzahl der
Anwesenden, die nicht nur aus Ludwigshafen kamen, gegen den
Bau der Umgehungsstraße ausgesprochen. Alle politischen Partei-
en und der Ortsbeirat waren ebenfalls dagegen. Da die neue Straße
in erster Linie zur Entlastung der Anwohner gebaut werden sollte,
hatte ich keine Chance, gegen den Widerstand der Betroffenen das
Projekt durchzusetzen. Die Veranstaltung bleibt mir allerdings aus
ganz anderen Gründen in peinlicher Erinnerung. An diesem Abend
hatte ich meinen Fahrer Siegfried Mende, der mich – bis er in Rente
ging – über die ganze Amtszeit hinweg immer sicher und zuverlässig begleitet hatte, nicht in Anspruch genommen. Den ganzen

Tag über war ich im Einsatz. Es blieb auch keine Zeit, ein Abendessen einzunehmen. Während der mehrstündigen Versammlung
trank ich zwei große (Pfälzer) Wein-Schorle. Bei vorausgegangenen
Anlässen hatte ich auch schon alkoholische Getränke zu mir
genommen. Ein Freund aus der Nachbarschaft lud mich noch zu
sich ein, um den Abend ausklingen zu lassen. Da mir übel war,
trank ich noch einen Weinbrand. Bei einer Kontrolle auf der Heim-
fahrt verfärbte sich das Teströhrchen. Die Blutprobe ergab dann
später einen Wert von rund 1,1 Promille. Dies führte zu einem
sechsmonatigen Führerscheinentzug und einer empfindlichen
Geldbuße. Die regionalen Zeitungen berichteten ausführlich. Die
Bild-Zeitung steigerte noch die Promillewerte. Vor allem der Vorfall, aber auch die Publizität haben mir schwer zu schaffen
gemacht. Irgendwie mußte ich es jedoch verkraften. Bei meiner
ersten öffentlichen Veranstaltung – Ende August beim Straßenfest
in Rheingönheim – wies ich darauf hin, daß ich zwar auch in den
Vorjahren mit dem Rad gekommen sei, daß ich aber diesmal mit
dem Rad kommen mußte. Die Zuhörer schmunzelten und zeigten
Verständnis für meine Lage. Bei einem Straßenmusikantenfest in
der Innenstadt fragte mich eine Teilnehmerin, der ich einen Preis
überreichte, ob ich aus Pirmasens sei. Als ich die Frage bejahte,
meinte sie: „Ach, dann sind Sie der Mann, der den Führerschein
verloren hat". Diesmal habe ich geschmunzelt. Eine positive Folge
war, daß ich öfter mit dem Bus aus der Gartenstadt zum Rathaus
gefahren bin, eine gute Gelegenheit, mit den anderen Fahrgästen
aufschlußreiche Gespräche zu führen und den Busverkehr aus
eigener Anschauung näher kennenzulernen. Der Führerscheinver-
lust führte auch zu einer unwahrscheinlichen Solidarisierung innerhalb der Familie und des Freundeskreises. Viele riefen mich sonntags an, ob sie mich zur gemeinsamen Wanderung mitnehmen sollten. Mein geflügeltes Wort bestätigte sich wieder einmal: Es gibt
nichts, was nicht für etwas gut wäre!

Meine Bemühungen um eine Verbesserung des öffentlichen Nah-
verkehrs sind jedoch nicht auf die Busfahrten zurückzuführen. Von
Anfang an bemühte ich mich vor allem um den Ausbau des Schie-

nenverkehrs. Wichtige Weichen waren bereits gestellt. Mit Mannheim gab es einen Vertrag, der praktisch einer Verbundlösung gleichkam. Schon zu Beginn der sechziger Jahre wurde zwischen Mannheim und Ludwigshafen eine Stadtbahn konzipiert, auf die sich beide Städte 1971 einigten. Im Vorgriff auf die künftige Entwicklung wurde – wie schon erwähnt – ein Tunnel unter den neuen Bahnhof hindurch gebaut, der zu einem späteren Zeitpunkt nicht mehr zu realisieren gewesen wäre. Im Rahmen des Gesamtkonzepts erfolgte dann auch die Untertunnelung des BASF-Knotens und des Rathauses. Nachdem sich Mannheim Mitte der siebziger Jahre finanziell außerstande sah, in Tieflage zu bauen, war es nicht möglich, eine kreuzungsfrei geführte Stadtbahn – zumindest an allen wichtigen Knotenpunkten – zu realisieren. Allerdings entstanden für zahlreiche Streckenabschnitte eigene Gleiskörper. Beide Städte waren außerdem auf eine vernünftige Einbindung in die Region angewiesen. Auf der rechtsrheinischen Seite gab es bereits die OEG und linksrheinisch die Rhein-Haardt-Bahn. Es war ein mühsames und langjähriges Unterfangen, die beiden Kreise Ludwigshafen und Bad Dürkheim und die Anlieger-Gemeinden an der Finanzierung der Rhein-Haardt-Bahn angemessen zu beteiligen. Der Schienen- und Busbetrieb der Bundesbahn mußte ebenfalls in ein Gesamtkonzept eingebunden werden. Auf Drängen meines Freundes, Professor Walter Krause, ehemaliger Innenminister des Landes Baden-Württemberg, erklärte ich mich bereit, den Vorsitz in der 1979 gegründeten Nahverkehrsgemeinschaft zu übernehmen. Es dauerte zehn Jahre, bis alle Beteiligten – die Gebietskörperschaften, die drei Länder und alle Verkehrsunternehmen – bereit waren, der zweiten Verbundstufe zuzustimmen und die dazu notwendigen Verträge zu unterzeichnen. Dr. Norbert Egger, Erster Bürgermeister der Stadt Mannheim, der bereits in der Nahverkehrsgemeinschaft als Geschäftsführer wirkte, übernahm den Aufsichtsratsvorsitz des Verkehrsverbundes Rhein-Neckar (VRN). Damit hatte die Nahverkehrsgemeinschaft nach hartem Ringen ihre Aufgabe erfüllt und konnte aufgelöst werden. Der Verbund hat sich bewährt und ist inzwischen sogar auf weitere Teile der Pfalz ausgedehnt worden.

BEDARFSORIENTIERTE
INFRASTRUKTUR

Um den berechtigten Ansprüchen der Bürger Rechnung tragen zu können, bedarf es einer Grundausstattung, einer Infrastruktur, ohne die auch die Entwicklung der Wirtschaft nicht gewährleistet wäre. Einige Aspekte habe ich schon aufgezeigt.

Eine gute Verkehrsanbindung ist ein entscheidender Faktor für die wirtschaftliche Entwicklung. Der Bau von leistungsfähigen Umgehungsstraßen diente nicht nur der Verkehrsberuhigung der Wohnbereiche, sondern der besseren Erschließung der Arbeitsbereiche. Die Andienung über den Wasserweg war und ist ein weiterer wichtiger Standortfaktor für die industrielle Entwicklung. Zwar steht der Hafen im Eigentum des Landes Rheinland-Pfalz. Über die Betriebsführung durch eine HAFEN GmbH kann die Stadt dennoch Einfluß auf die Entwicklung des staatlichen Hafens nehmen. Dabei spielen auch ökologische und städtebauliche Gesichtspunkte eine Rolle. So wurde nach einem schweren Unfall auf dem Rhein ein Ölhafen in Nachbarschaft zur BASF gebaut, in dem Gefahrengüter ohne Auswirkungen auf den Rhein umgeschlagen werden können. Aus städtebaulichen Gründen wäre es allerdings wünschenswert, weitere störende Betriebe, die kaum noch etwas mit dem Hafen zu tun haben, aus den Wohngebieten der Parkinsel zu verlagern.

Für die gewerbliche Entwicklung müssen ausreichende Flächen ausgewiesen und bereitgestellt werden. Der Flächennutzungsplan und die Bebauungspläne sind dafür das entscheidende Instrument. Die jeweilige Fortschreibung trug dem erkennbaren Bedarf Rechnung. Bei einigen Projekten gab es erheblichen Widerstand. Zwar konnte eine nördliche BASF-Erweiterung ohne große Einwände ermöglicht werden. Wesentlich schwieriger war es, im Nordwesten der Stadt (Roßlache) ein Gebiet für Verwaltung, Forschung und Sport der BASF auszuweisen. Es gab eine Bürgerinitiative, die vehement dagegen kämpfte. Mit einem Stadtratsbeschluß gegen die

127

Stimmen der GRÜNEN konnte die Satzung beschlossen werden. Mehrere Gutachten hatten den Nachweis erbracht, daß durch eine künftige Bebauung keine ökologischen Beeinträchtigungen – insbesondere was die Durchlüftung vorhandener Wohnbereiche anbelangte – entstehen würden. Vermutlich wird es angesichts der Personalreduzierungen innerhalb der BASF nicht zu einer Bebauung kommen. Es wäre jedoch fatal gewesen, wenn die BASF die Verlagerung von Forschungsstätten oder Dienstleistungsanlagen und damit die Verringerung von Arbeitsplätzen mit dem Fehlen an Entwicklungsmöglichkeiten hätte begründen können. Deshalb hatte ich den Standpunkt vertreten, ein Baugebiet auszuweisen, auch wenn es später nicht benötigt würde. Der Abbau von zehntausend Arbeitsplätzen kann jedenfalls nicht mit fehlenden Erweiterungsmöglichkeiten in Ludwigshafen begründet werden.

Arbeitsplätze zu schaffen und zu erhalten, zählte schon in früheren Jahren zu den wichtigen Aufgaben der Kommunalpolitik. Der Seniorchef der Firma Giulini, Freiherr von Salmuth glaubte, seine unternehmerischen Tätigkeit durch den Bau einer Aluminiumfabrik krönen zu können. Leider hatte sich schnell gezeigt, daß der Standort Deutschland insgesamt und damit auch Ludwigshafen problematisch war. Ein entscheidender Kostenfaktor ist der Strom. Ein Aluminiumbetrieb, der über eigene Wasserkraft in Kanada oder Amerika verfügt, kann wesentlich kostengünstiger produzieren. Die Hoffnungen, durch Kernenergie günstigere Strompreise zu bekommen, haben sich wegen des relativ geringen Anteils und der Notwendigkeit, einen durchmischten Preis anzubieten, nicht erfüllt. Hinzu kam eine weltweite Aluminium-Überproduktion. Die Firma Giulini verkaufte die Produktionsanlage an die amerikanische Firma ALCAN, die die Produktion nur noch wenige Jahre aufrechterhielt. Alle meine Bemühungen, über einen günstigeren Strompreis des RWE die Produktion zu erhalten, sind schließlich gescheitert. Dr. Wolfgang Brix, der inzwischen Staatssekretär im Wirtschaftsministerium Rheinland-Pfalz geworden war, hat mit mir zusammen versucht, beim Bundeswirtschaftsministerium und beim Kartellamt eine Lockerung der engen Kartellbestimmungen zu

Protestkundgebung gegen die Schließung von ALCAN.
In der ersten Reihe von links nach rechts: MdB Manfred Reimann
und von der BASF-Arbeitnehmervertretung Rudi Bauer,
Roland Koch, Volker Obenauer und
ALCAN-Betriebsratsvorsitzender Roland Walburg

erreichen. Dieselben Kräfte, die heute für eine absolute Liberalisierung im Stromgeschäft eintreten, haben damals an engen Preisbindungen festgehalten. Auch Bundeskanzler Dr. Helmut Kohl, der für eine Subventionierung in Höhe von acht Millionen DM sorgte, konnte das Unternehmen nicht retten. Inzwischen mußten die gewährten Gelder sogar an die EU zurückgezahlt werden. Die Schließung hat sich dadurch allerdings um einige Monate verzögert. Der zwischendurch eingetretene Konjunkturaufschwung erleichterte die Suche nach neuen Arbeitsplätzen. Dies war allerdings nur ein schwacher Trost.

Ohne Erfolg blieb auch das Bemühen, die HALBERGERHÜTTE zu retten. Konzentrationsbestrebungen haben zur Verlagerung der Produktion geführt. Diese Beispiele (und einige andere) zeigen, daß die Möglichkeiten einer Stadt, Schließungen oder Verlagerungen von Industriebetrieben zu verhindern, außerordentlich bescheiden sind.

Zur Infrastruktur gehört auch die Entsorgung sowohl von Schmutzwasser als auch von Müll. Viele Jahre flossen die städtischen Abwässer nur mechanisch gereinigt in den Rhein, dessen Wasserqualität immer schlechter wurde. Deshalb war es wichtig und richtig, Städte und Industriebetriebe zu zwingen, biologische Kläranlagen zu bauen. Ursprünglich planten Stadt und BASF getrennt. Es gab jedoch gute Gründe, eine gemeinsame Anlage zu errichten. Die Stadt brauchte kein durch Hafenanlagen genutztes Gelände, dazu noch in der Nähe einer Wohnbebauung in Anspruch zu nehmen. Der Zusatz von Haushaltsabwässern bei chemischen Abwässern (wobei der Anteil der Abwässer bei 95 % BASF und 5 % Stadt lag) verbesserte außerdem den Wirkungsgrad der Klärung. Beinahe wären die Verhandlungen gescheitert. Die ersten Kontakte nach meiner Amtsübernahme mit Professor Dr. Bernhard Timm führten jedoch zu einer raschen Einigung über die Errichtung und den Betrieb einer gemeinsamen Kläranlage. Sowohl für die Umwelt als auch für den Gebührenzahler war dies vorteilhaft. Später schlossen sich noch die Stadt Frankenthal und einige Umlandgemeinden an die Kläranlage an. Nachdem Kapazitäten frei wurden, wird derzeit geprüft, ob nicht alle Abwässer der vorderpfälzischen Gemeinden, die nachrüsten müssen, dorthin geleitet werden können.

Eine Stadt oder ein Unternehmen darf nicht im Abfall ersticken. Die in früheren Jahrzehnten erfolgte Deponierung bildete eine erhebliche Gefahr für das Grundwasser. Wenn auch neue Anlagen nicht mehr so problematisch sind, so ist eine energetische Verwertung der Restabfälle, die nach Vermeidung und Recycling verbleiben, der Deponierung vorzuziehen. Die Stadt hat sich schon frühzeitig entschieden, eine Müllverbrennungsanlage als Heizkraftwerk zu bauen. Durch Dampf- und Stromerzeugung werden andere Resourcen geschont. Inzwischen wurde die Anlage auf den neuesten Stand der Technik nachgerüstet. Es war mir schließlich möglich, über eine GmbH die Gebietskörperschaften der Vorderpfalz in ein gemeinsames Verwertungskonzept einzubinden.

Zu einer bedarfsorientierten Infrastruktur zählen auch die schulischen Aus- und Weiterbildungseinrichtungen. Die Stadt Ludwigshafen hat sehr früh einen Schulentwicklungsplan aufgestellt. Es gibt ein breit gefächertes Angebot an schulischen Einrichtungen. Gegen erheblichen Widerstand konnte zu den herkömmlichen Schulen eine Integrierte Gesamtschule – nach Ernst Bloch benannt – errichtet werden. Angesichts der Bevölkerungs- und Beschäftigungsstruktur kam den Berufsschulen eine besondere Bedeutung zu. Dr. Arthur Sticht ist nach dem Krieg mit großer Leidenschaft für den Ausbau der Berufsschulen eingetreten. In enger Zusammenarbeit mit dem Lehrkörper entwickelte er neue Methoden, um die technischen Fertigkeiten und die Erfindergabe der Schüler zu fördern, damit hochqualifizierte Facharbeiter für die Wirtschaft und das Handwerk zur Verfügung standen. Sowohl eine staatliche Fachhochschule für Wirtschaft als auch eine evangelische Fachhochschule für Soziales zählen zu den schulischen Angeboten der Stadt. Eine medizinische Fakultät – an die Universität Mainz angebunden – wurde bis jetzt vom Land leider nicht errichtet, obwohl das städtische Klinikum die Voraussetzungen dazu geboten hätte, insbesondere was die Qualifikation der Chefärzte anbelangte. Immerhin wurde das Klinikum als Lehrkrankenhaus anerkannt.

Die räumlichen Verhältnisse im Krankenhaus waren nach dem Krieg verheerend. Wegen der Gebäudeschäden und Zerstörungen mußte eine frühere Schule – die Pestalozzischule – für Teilbereiche des Krankenhauses genutzt werden. Die Unterbringung in Schulsälen war für die Patienten und das Betreuungspersonal unerträglich. Als 1958 Erich Reimann Beigeordneter und Krankenhausdezernent wurde – zum gleichen Zeitpunkt wurde ich Sozialdezernent – überzeugte er mich von den unhaltbaren Zuständen. Er bat mich mitzuhelfen, daß dem Ausbau des Krankenhauses erste Priorität eingeräumt wurde. Für die Finanzierung war damals die Stadt zuständig, allerdings auf Zuschüsse des Landes angewiesen. Trotz ständigen Drängens konnte der Neubau der Inneren- und Frauen-Klinik erst 1968 seiner Bestimmung übergeben werden.

Mit der Fertigstellung des Neubaus konnte zwar die Schule ihrem ursprünglichen Zweck wieder zugeführt werden. Die Verhältnisse in den übrigen Bereichen des Klinikums waren jedoch nach wie vor unbefriedigend. Wegen des engen Areals wurde deshalb in Erwägung gezogen, in mehreren Abschnitten ein neues Krankenhaus an einem anderen Standort zu bauen. Pläne wurden entworfen, dann wieder verworfen. Inzwischen war das Land gesetzlich verpflichtet, die Investitionskosten zu tragen. Nach jahrelangem Hin und Her entschied sich das zuständige Sozialministerium für eine Erweiterung auf dem alten Gelände und eine Sanierung der vorhandenen Gebäudeteile. Die Stadt mußte allerdings einen Teil vorfinanzieren und das Risiko einer Kostenüberschreitung tragen, da die Zusage des Landes auf 210 Millionen begrenzt war. Offensichtlich ist es doch noch gelungen, trotz anfänglicher Kostenüberschreitungen bei Umbaumaßnahmen, den Kostenrahmen einzuhalten. Nach dem Bezug des neuen Gebäudes werden dann die Sanierungsmaßnahmen beginnen. Das Krankenhaus bleibt zwar eine

„ewige" Baustelle, immerhin verbessern sich nach und nach die Behandlungsmöglichkeiten für die Patienten und die Arbeitsbedingungen für die Mitarbeiter. Dafür hatten sich die beiden Dezernenten Erich Reimann und Karl-Horst Tischbein mit großem Nachdruck eingesetzt. Leider konnte Erich Reimann nicht mehr erleben, daß sein Bemühen Erfolg hatte.

Ludwigshafen darf sich zu Recht als eine Stadt des Sports bezeichnen. Es gibt 150 Vereine mit 50 000 Mitgliedern, die sich überwiegend im Ludwigshafener Stadtverband zusammengeschlossen haben. Langjähriger Vorsitzender war Dr. Robert Eicher, ein außerordentlich engagierter und liebenswerter Mensch, der großes Ansehen genoß. Sein Nachfolger war mein früherer Persönlicher Referent, Karl Heinz Ries, der nicht nur als erfolgreicher Sportler gute Voraussetzungen für das Amt mitbrachte. Der Sport bindet die Menschen im Verein und trägt damit zur Gemeinschaftsbildung bei. Die Jugend erfährt – über die sportlichen Aktivitäten hinaus – eine intensive Betreuung. Der Sport ist dadurch oft der größte Jugendverband in einer Gemeinde.

Der Vereinssport wurde von der Stadt intensiv gefördert sowohl durch Zuschüsse als auch durch die unentgeltliche Bereitstellung von Sportanlagen – längst bevor das Gesetz dies vorschrieb. In fast allen Stadtteilen gibt es Bezirkssportanlagen. Drei Hallenbäder und eine Leichtathletikhalle ergänzen das Angebot. Das Stadion, das aus den abgeräumten Trümmern vor allem der Stadt Mannheim entstanden ist, weist zwar mangels Bundesligamannschaft kaum Besucherfrequenz auf, wird jedoch von den Sportvereinen intensiv genutzt. Bürgermeister Erich Reimann, selbst einmal aktiver Sportler, konnte auch in diesem Bereich große Erfolge verbuchen. Nach seinem Ruhestand übernahm ich das Sportdezernat. In regelmäßigen Abständen besuchte ich im Rahmen von Stadtteilbegehungen die Sportanlagen und führte intensive Gespräche mit allen Vereinsvertretern. Anstehende Probleme, wie Sportplatzinstandsetzungen, Herstellung von Zufahrten u.ä. konnten oft schnell und unbürokratisch gelöst werden. Die Leiter des Sportamtes, Werner Lintz und nach ihm Werner Schröter, ebenfalls in ihrer Jugend aktive Sportler, – Werner Schröter war 1970 sogar Vize-Weltmeister im Ringen –, erfüllten ihre Aufgaben gewissenhaft, hatten gute Kontakte zu den Vereinen und arbeiteten eng mit mir zusammen.

Als wichtigen Faktor auf dem Weg zur menschlichen Stadt hat Hans Koschnick die KULTUR hervorgehoben. Neben dem Bedürfnis vieler Menschen, in ein vielfältiges kulturelles Leben eingebunden zu sein, ist man sich inzwischen einig, daß Kultur auch zu den sogenannten sanften Standortfaktoren für die Entwicklung einer Stadt gehört und deshalb ebenfalls ein wichtiger Teil der Infrastruktur ist.

Ludwigshafen hat eine lange kulturelle Tradition. Durch den Krieg und die Zerstörungen gab es jedoch eine Zäsur. Nach dem Krieg wurde zunächst improvisiert, um kulturelle Aktivitäten zu ermöglichen. In alten Kinoräumen fanden erste Theateraufführungen statt. Der alte Pfalzbau konnte auch nur ein Provisorium sein. Deshalb empfahl Dr. Hans Klüber dem Stadtrat den Bau eines neuen Pfalzbaus, der dann dem Projekt seine Zustimmung gab. Wegen der Finanzkrise Mitte der sechziger Jahre mußte die Baustelle zwei Jahre stillgelegt werden. Die Eröffnung fand am 21. September 1968 statt. Am darauffolgenden Tag der offenen Tür sprach Ernst Bloch, der als Gast anwesend war, spontan von der Bühne zu den Besuchern, die sehr beeindruckt waren. Anschließend diskutierte er mit eingeladenen jungen Gymnasiasten. Noch heute denken viele der Teilnehmer an dieses anspruchsvolle Gespräch zurück.

Auch in der Bildenden Kunst hat die junge Industriestadt einiges aufzuweisen. Dr. Klüber hatte einen engen Bezug zur expressionistischen Malerei. Zusammen mit dem damaligen Leiter des Kulturamtes, Karl Nord, hat er eine hochwertige Sammlung aufgebaut, die mit großem Erfolg in Wien gezeigt wurde. Dr. Klüber hat schließlich sein gesamtes Vermögen der Stadt zur Förderung der Kultur vermacht. Karl Nord hatte bereits 1949 die Initiative zur Bildung von Theatergemeinden in allen Stadtteilen ergriffen und

Nach der Einweihung des Pfalzbaus wurden interessante
Gespräche geführt: Ernst Bloch hat sein Zuhörer
Ministerpräsident Peter Altmeier, Bischof Friedrich Wetter
und Werner Ludwig in seinen Bann gezogen

damit vielen Menschen den Zugang zum Theater ermöglicht. Er hatte das richtige Gespür für die Zusammenstellung eines für das Publikum ansprechendes Programm. Die Aufgaben, die er wahrgenommen hatte, wurden nach seinem Ausscheiden unterteilt in die Bereiche Theater und Kunstsammlungen. Dr. Rainer Antoine, der leider zu früh verstarb, nutzte seine weltweiten Beziehungen zur Belebung der Theaterlandschaft. Für die bildende Kunst zeichnete Dr. Manfred Fath verantwortlich. Seine persönlichen Kontakte mit dem Kunstmäzen Wilhelm Hack trugen dazu bei, daß dieser uns seine Gemäldesammlung vermachte mit der Auflage, sie in einer Galerie auszustellen. Schließlich konnte damit auch die städtische Sammlung besser zur Geltung kommen. Gegen den notwendigen Bau gab es zwar manche Widerstände. Das Land gewährte einen Zuschuß von zwei Millionen, die BASF spendete eine Million und die KNOLL AG eine halbe Million. Professor Dr. Matthias Seefelder und Professor Dr. Ernst Biekert, die jeweiligen Vorstandsvorsitzenden, haben dies ermöglicht. Das erleichterte die Zustimmung. Dennoch verstummten die Hinweise nicht so schnell, es wäre viel wichtiger gewesen, Kindergärten, oder Spielplätze zu schaffen, obwohl keine einzige Maßnahme durch den Bau des Hack-Museums zurückgestellt werden mußte. Heute dürften jedoch die meisten Ludwigshafener stolz auf das Museum sein. Dieselbe Kritik wurde übrigens auch bei der Gestaltung der sogenannten MIRO-Wand vorgetragen, die dem Museumsgebäude einen besonderen Akzent verlieh und bei der Aufstellung der PFALZSÄULE, die den Pfalzbau-Vorplatz schmückt. Der Stadtrat hat sich jedoch durch diese Kampagnen nicht beirren lassen und den Vorhaben zugestimmt.

Die Stadt Ludwigshafen war nach dem Kriege der stärkste Partner in einem Zweckverband für das PFALZORCHESTER, das später – nachdem andere Partner sich zurückzogen – in die Trägerschaft des Bezirksverbandes Pfalz und schließlich des Landes Rheinland-Pfalz überging als STAATSPHILHARMONIE Rheinland-Pfalz. Die Proberäume für das Orchester wurden vom Land mit finanzieller Hilfe der Stadt in Nachbarschaft zum Wilhelm-Hack-Museum gebaut.

Bei der Einweihung des Wilhelm-Hack-Museums:
Ministerpräsident Dr. Bernhard Vogel, Wilhelm Hack und
Bundespräsident Walter Scheel

Zu erwähnen wäre noch die Stadtbibliothek, in der die schulgeschichtliche Sammlung von Hans Loschky, Ehrenbürger der Stadt, ebenso eingebaut ist wie das Ernst-Bloch-Archiv, das in den kommenden Jahren ein neues Domizil am Rheinufer Süd erhalten soll. Meine privaten Begegnungen mit Ernst Bloch und seiner Frau Karola sind mir in lebendiger Erinnerung geblieben. Der Ehrenbürger unserer Stadt, der in seinen Schriften Mängel und Chancen seiner Heimatstadt aufgezeigt hat, war innerlich eng mit Ludwigshafen verbunden.

Wesentliche Impulse für das Kulturleben gingen von den Dezernenten, den Bürgermeistern Albert Wild, Hanns Astheimer und Rainer Rund aus, die alle sachkundig, hoch motiviert und engagiert waren und gute Kontakte zu den Künstlern und kulturfördernden Institutionen pflegten. Der heutige Beigeordnete Günter Ramsauer steht in der Tradition seiner Vorgänger. Ein kulturelles Leben wäre ohne private Initiativen nicht denkbar. So hält die BASF bis heute ein vielfältiges eigenes Angebot bereit und arbeitet auch eng mit der Stadt zusammen. Die Gründung einer Theater-Gemeinde 1949, durch die breite Schichten der Bevölkerung in das Theaterleben eingebunden wurden, geht auf die Initiative von Karl Nord zurück.

Eine große Breitenwirkung haben die Gesangvereine. Einige davon haben weit über die Grenzen der Stadt hinaus Anerkennung gefunden und Brücken zu unseren Partnerstädten geschlagen. Dazu gehört auch der Kinder- und Jugendchor „Oppauer Dorfschwalben", der mit seinem Können und seiner Frische die Herzen erobert. Die Gesangvereine der Stadt – in einem Kreisverband unter dem langjährigen Vorsitz von Erwin Haas zusammengeschlossen – veranstalteten für mich einen eigenen Abschiedsabend, bei dem über fünfhundert Sänger mitwirkten. Er ist bei mir nicht nur in bester Erinnerung wegen der hervorragenden gesanglichen Darbietungen, sondern auch wegen der Herzlichkeit, die zu spüren war und in der Ansprache des Präsidenten des Pfälzischen Sängerbundes, Hartmut Doppler, zum Ausdruck kam.

Der Zusammenschluß von Künstlern im KUNSTVEREIN und im ANKER hat zahlreiche Ausstellungen ermöglicht. Für die Förderung junger Künstler wurde ein Fonds gebildet, in den wesentliche Beträge aus der Hinterlassenschaft der früheren Stadträtin und Ehrenringträgerin Heny Roos und auch Spenden aus Anlaß meiner Verabschiedung eingegangen sind.

DER WEG IST DAS ZIEL

Die Einbindung der Menschen in den Entscheidungsprozeß einer Stadt gehört zu den wesentlichen Merkmalen einer menschlichen Stadt und ist damit ein wichtiges Ziel der Kommunalpolitik. Gleichzeitig ist die Beteiligung der Bürger der richtige Weg, um zu brauchbaren Ergebnissen zu kommen. Nur derjenige, der auf die Bürger zugeht, ihre Meinung erforscht und ihnen unabhängig von Wahlen die Möglichkeit gibt, mit ihrem Beitrag Einfluß auf die Entwicklung der Stadt zu nehmen, wird den Menschen gerecht. Die Einbindung geschieht nicht nur durch große Veranstaltungen, sondern oft durch persönliche Gespräche.

Von Anfang an war ich bemüht, mit allen gesellschaftspolitisch relevanten Kräften innerhalb der Stadt Kontakte zu knüpfen. Die BASF war und ist ein entscheidender Faktor für die Beschäftigungssituation, für die Wirtschaftskraft des Raumes und die Finanzkraft der Stadt. Deshalb war es mir immer wichtig, enge Beziehungen mit den verantwortlichen Repräsentanten des Unternehmens herzustellen. Professor Dr. Bernhard Timm war kurz vor meiner Amtsübernahme Vorstandsvorsitzender der BASF geworden als Nachfolger von Professor Dr. Carl Wurster, der Ehrenbürger der Stadt gewesen war. In den acht Jahren seines Wirkens als Vorstandsvorsitzender konnte ich mit Professor Timm alle anstehenden Probleme in freundschaftlicher Atmosphäre besprechen. Das jahrelange Tauziehen um den Bau einer gemeinsamen Kläranlage konnte sehr schnell im persönlichen Gespräch beendet werden. Professor Timm war

Der Vorstandsvorsitzende der BASF, Professor Dr. Bernhard Timm,
und Oberbürgermeister Dr. Werner Ludwig bemühen sich um
gemeinsame Lösungen

eine herausragende Persönlichkeit von großer Bescheidenheit. Als ich ihn einmal anrief, um einen Termin mit ihm zu vereinbaren, sagte er: „Wenn ich morgen ins Büro fahre, komme ich einfach bei Ihnen vorbei." Der spätere Ehrenbürger der Stadt versäumte keine Gelegenheit, an städtischen Veranstaltungen teilzunehmen, um damit auch über seine aktive Zeit hinaus die Verbundenheit mit Ludwigshafen zu dokumentieren. Die Kontakte wurden auch mit seinen Nachfolgern, Professor Dr. Matthias Seefelder, Dr. Hans Albers und Dr. Jürgen Strube hergestellt, zu denen auch persönliche Verbindungen entstanden, was sich außerordentlich bewährt hat.

Für die Stadt waren die jeweils für das Werk zuständigen Vorstandsmitglieder – Dr. Friedrich Dribbusch, Dr. Wolfgang Jentzsch und Dr. Detlef Dibbern – wichtige Partner. Die sachliche Zusammenarbeit mit ihnen führte zur gegenseitigen Wertschätzung und begründete freundschaftliche Verbindungen. Durch die Kontakte mit den jeweiligen Betriebsratsvorsitzenden war ich jederzeit über die Probleme der Arbeitnehmerschaft informiert. So waren u.a. Rudi Bauer, Gerhard Blumenthal und Volker Obenauer Freunde und Partner. Bei den wenigen Konfliktsituationen mit der Unternehmensleitung konnte ich mit ihrem Verständnis oder gar mit ihrer Unterstützung rechnen. Das vertrauensvolle Verhältnis zu beiden Seiten gab mir die Chance, 1976 mitzuhelfen, einen Streik zu vermeiden. Ich konnte ausloten, wo die Schmerzgrenze für den jeweiligen Partner lag und dadurch einen vertretbaren Kompromiß ermöglichen.

Bei vielen Gelegenheiten wurde ich gefragt, ob nicht die BASF einen zu großen Einfluß auf die städtische Politik nehmen würde. Guten Gewissens konnte ich diese Frage verneinen. Der Vorstand hat nie Forderungen gestellt, die unerfüllbar gewesen wären. Alle Wünsche nach Betriebserweiterungen konnten nach sorgfältiger Prüfung erfüllt werden. Die Anbindung an ein gut ausgebautes Straßen- und Schienennetz lag nicht nur im Interesse des Unternehmens. Eine partnerschaftliche Zusammenarbeit – so ist das Verhältnis zwischen der Stadt und der BASF zu sehen – war auch

Die Kontakte zur BASF-Spitze waren vielfältiger Natur.
Oben: Vorstandsvorsitzender Dr. Jürgen Strube
empfängt Gäste im Gesellschaftshaus.
Unten: Nach hartem Kampf ging Dr. Wolfgang Jentzsch,
Vorstandsmitglied der BASF, als Sieger vom Platz.

für die Menschen in der Stadt und der gesamten Region unabdingbar.

Selbstverständlich durften sich die Kontakte zur Industrie nicht auf die BASF beschränken. Im Laufe der Jahre besichtigte ich fast alle ortsansässigen Unternehmen und führte intensive Gespräche mit den verantwortlichen Führungskräften. Es würde den vorgegebenen Rahmen des Buches sprengen, die vielen Verbindungen aufzuzählen. Wenn ich dennoch auf die Firma KNOLL zu sprechen komme, dann deshalb, weil auch hier sehr unkonventionell ein Geländestreifen für den Bau der Stadtbahn erworben werden konnte. Langwierige kontroverse Verhandlungen konnten durch ein Gespräch mit dem Vorstandsvorsitzenden Dr. Leopold Arnsperger beendet werden.

Neben vielen unmittelbaren Kontakten habe ich am Vorabend des 1. Mai alle Betriebsrats-, Personalratsvorsitzenden und Gewerkschaftsvertreter zu einem Gespräch eingeladen. Es kam stets zu einem fruchtbaren Informationsaustausch.

Eine örtliche Gemeinschaft ist auf die Leistungsfähigkeit des Handwerks angewiesen. Die Stadt ist verpflichtet, ein positives Klima für das Handwerk zu schaffen. Dazu bedarf es einer engen Abstimmung mit den verantwortlichen Kräften des Handwerks. Schon im Oktober 1965 fand ein Gespräch mit dem Kreishandwerksmeister Rudolf Stier und allen zweiundzwanzig Obermeistern der Innung statt. Auch in den folgenden Jahren kam es zu einer engen Zusammenarbeit mit den Nachfolgern Alwin Egger und Friedrich Kissel und den Innungsobermeistern. Mein gutes Verhältnis zum Handwerk wurde 1993 mit der Verleihung des Titels „Ehrenmeister des pfälzischen Handwerks" honoriert, einer ganz seltenen Auszeichnung.

Der Umbau der Innenstadt war nur mit den Vertretern des Einzelhandels und der Leistungsgemeinschaft zu realisieren. Die damaligen Vorsitzenden Edmund Keller und Felix Lampert waren bereit, sich zusammen mit anderen Geschäftsleuten zu informie-

Am Tag der Offenen Tür informierte der Oberbürgermeister die Bürger im Rathaus über seine Vorstellungen zur Stadtenwicklung

ren. Mit einem Bus fuhren wir mehrere Städte an, in denen es bereits Fußgängerzonen gab. Die Gespräche fanden nicht nur mit den städtischen Vertretern statt. In erster Linie ging es um die Erfahrungen der betroffenen Einzelhändler. So konnte relativ schnell ein Konsens erzielt werden. Auch die Nachfolger Günther Schuh und Michael Cordier haben stets das positiv kritische Gespräch gesucht. Viele Probleme – wenn auch nicht alle – konnten dadurch unbürokratisch gelöst werden. Die Bemühungen der Geschäftsleute in den einzelnen Stadtteilen über Gewerbevereine oder Arbeitsgemeinschaften gemeinsame Aktivitäten zu entfalten, sind von mir stets begrüßt und unterstützt worden. Die Lebendigkeit der Stadtteile wird durch Geschäfte entscheidend geprägt.

Eine relativ kleine Berufsgruppe bilden die Landwirte. Mit der baulichen Entwicklung waren Konflikte vorprogrammiert. Einmal im Jahr gab es eine Zusammenkunft mit den Sprechern der Landwirtschaft der einzelnen Stadtteile, in der alle Probleme, die anstanden, besprochen wurden. Dadurch war es möglich, Verständnis für die Anliegen des anderen Partners zu finden. Wir haben uns relativ schnell auf ein Grundkonzept für die Entwicklung der Landwirtschaft geeinigt. Im Norden der Stadt waren nur noch wenige landwirtschaftliche Betriebe auf Dauer lebensfähig, im Süden und Südwesten sollten größere Bereiche von einer Bebauung freigehalten werden. In Einzelfragen war es oft möglich, vertretbare Lösungen zu finden und vor allem relativ schnell umzusetzen. Die Manöverkritik fand spätestens im folgenden Jahr statt. Der Konflikt mit den Landwirten aus Rheingönheim wegen des Baues der Umgehungsstraße zur von-Kieffer-Straße mußte zwar gerichtlich entschieden werden – mehrere Gespräche, auch bei mir zu Hause, sorgten auch in der Folgezeit für ein weiteres gutes Klima.

Bei städtebaulichen Planungen konnten wir stets mit der Unterstützung der Architektenschaft rechnen. Die Vertreter der Kammer, Dr. Erwin Morlock und Arno Götz, waren wertvolle Begleiter unse-

145

rer Arbeit. Auch bei der Erstellung von Bebauungsplänen wurden immer öfter Architektenwettbewerbe ausgeschrieben. Die Diskussionen über die einzelnen Entwürfe waren sehr lehrreich und viele Ideen und Anregungen konnten in die Pläne übernommen und umgesetzt werden.

Meine bisherigen Schilderungen bezogen sich auf Kontakte mit Personen oder gesellschaftlichen Gruppen, für die wirtschaftliche oder planerische Aspekte im Vordergrund standen. Wenn eine Stadt Heimat für die Bürger werden soll, müssen noch viele andere Kräfte mitwirken. Dazu zählen in erster Linie die Kirchen. Sie haben neben ihren seelsorgerischen Aufgaben die Möglichkeit, die Menschen in einer Gemeinschaft zu integrieren. Besonders in Neubaugebieten, wie der Ernst-Reuter-Siedlung oder der Pfingstweide, haben sie mitgeholfen, den Neubürgern des Stadtteils Heimatgefühl zu geben und Bewohner unterschiedlicher Herkunft zusammenzuführen. Die protestantischen Dekane Theo Seifert und Dr. Friedhelm Borggrefe und die katholischen Dekane Ludwig Husse, Ehrenbürger der Stadt Ludwigshafen und Msgr. Erich Ramstetter waren für mich Partner nicht nur in kirchlichen Fragen. Mit Pfarrer Dr. Borggrefe kam es sogar zu einer Dialog-Predigt in der Friedenskirche. Mit dem Freireligiösen Landesprediger Dr. Wilhelm Bonneß bestanden schon über meine Eltern enge Beziehungen. Zahlreiche Bürgerinitiativen, wie die des Kinder-Eltern-Hauses in Mitte, des Abenteuerspielplatzes in Oggersheim, der Jugendfarm in der Pfingstweide, des Förderkreises des Spielmobils ROLLI und noch viele andere haben dazu beigetragen, viele Menschen in eine aktive Gemeinschaft einzubinden.

Zahlreiche Vereinigungen prägen das gesellschaftliche Leben einer Stadt. Es würde zu weit führen, wenn ich die vielen Aktivitäten aufzeigen würde, in die ich oft eingebunden war. Besondere Möglichkeiten eröffneten sich mir bei Fastnachtssitzungen. Hier konnte ich in der Bütt lokale Ereignisse glossieren. Dies war oft wirkungsvoller als umfassende Stellungnahmen. Mein Wirken wurde in Ludwigshafen mit dem Doktor humoris causa und dem

Schlüsselübergabe an den Präsidenten des Großen Rates,
Richard Rebholz

Pfälzer Krischer, sowie in Kaiserslautern mit dem Casimir-Orden honoriert. Die geistreiche Laudatio, die mein Freund Klaus Rüter, Chef der Staatskanzlei in Mainz, aus diesem Anlaß hielt, beweist, daß sich ohne „tierischen Ernst" leichter leben läßt. Hermann Fünfgeld bescheinigte mir bei der schon erwähnten Ansprache, daß mir „die Lust am Leben, eine bestimmte Art von Fröhlichkeit, von Unbeschwernis, von Humor eigen" sei.

Die intensiven Verbindungen mit den Repräsentanten gesellschaftspolitisch relevanter Gruppen konnten jedoch das unmittelbare Gespräch mit den interessierten und betroffenen Bürgern nicht ersetzen. Deshalb war es notwendig, die Menschen in Bürgerversammlungen zu informieren und den Dialog mit ihnen zu suchen. In den Diskussionen wurde oft klar, daß es keine Patentlösungen gab. Während ein Teil der Anwesenden die Vorschläge der Verwaltung begrüßte, wurden sie von einem anderen wiederum abgelehnt. Ein breiter Konsens war oft nur durch einen Kompromiß zu erzielen. Die „Einwohnerversammlungen", wie sie die Gemeindeordnung vorschreibt, fanden längst statt, bevor dies gesetzlich vorgeschrieben war, und zwar öfters als einmal im Jahr!

Bewährt haben sich auch die sogenannten Stammtisch-Gespräche, in denen ohne vorgegebene Tagesordnung die anwesenden Teilnehmer alle Probleme ansprechen konnten. Nach einer allgemeinen Aussprache fanden auch Tisch- oder Einzelgespräche statt. Ein Mitarbeiter meines Büros, der als Bürgerberater eingesetzt war, notierte Anregungen oder Beschwerden und ging allen Fragen sofort nach. Im Gespräch im kleineren Kreis waren die Menschen eher bereit, ihre kritischen Vorstellungen vorzutragen als in einer großen öffentlichen Veranstaltung.

Ein großer Teil der Einwohner ist jedoch nur über die Medien zu erreichen. Schon deshalb ist die Zusammenarbeit mit der Lokalpresse unentbehrlich. Über öffentliche Veranstaltungen berichtet die Presse von sich aus. Darüber hinaus war es in erster Linie Aufgabe des Leiters der Pressestelle, die Medien über interne Vorgän-

ge zu informieren. Er mußte auch ständig das persönliche
Gespräch suchen. Über zwei Jahrzehnte hindurch stand mir Lothar
Schneider zur Seite, der bereits von meinem Vorgänger eingestellt
worden war. Er hat mit großem Geschick seine Aufgabe erfüllt. Mit
viel Verständnis für die Journalisten gelang es ihm, auch zu verhindern. daß ich auf manche Presseberichte allzu heftig reagierte.
Sein Nachfolger Ulrich Gaißmayer hatte sich schnell in sein neues
Aufgabengebiet hineingefunden und verstand es bestens, kollegiale Beziehungen mit den Vertretern der Medien zu knüpfen und
mich ebenfalls kritisch zu beraten. Dies hat mitgeholfen, gute
Beziehungen zu den Lokalredakteuren herzustellen, die ich eigentlich alle namentlich erwähnen müßte, was leider – wie schon in
anderen Fällen – nicht möglich ist. Die Medien haben auch eine
kontrollierende Funktion. Sie haben diese Aufgabe unabhängig
von persönlichen oder gar freundschaftlichen Verbindungen stets
wahrgenommen. Ich habe allen Grund, mich für das faire Miteinander zu bedanken. Der Journalistenverband der Pfalz hat meine
offene Zusammenarbeit mit der Presse mit der Verleihung der Gol-
denen Zeile gewürdigt.

Wenn auch Rundfunk und Fernsehen auf lokaler Ebene nicht die
Bedeutung der örtlichen Presse haben, so entstanden im Laufe der
Jahre nicht nur zum Südwestfunk, sondern sogar verstärkt zum
Süddeutschen Rundfunk gute Beziehungen. Ich war auch bereit,
die Errichtung eines privaten Rundfunk- und Fernsehensenders in
Ludwigshafen zu ermöglichen, weil mir eine Konkurrenz zu öffent-
lich-rechtlichen Medien – insbesondere gegenüber dem Südwestfunk, der personell unterbesetzt war – für unseren Raum durchaus
notwendig erschien. Leider hat sich die Anstalt für Kabelkommunikation nicht so entwickelt, wie es sich die Gründer erhofft hatten.

Um die Bürger ausführlicher zu informieren, entstand die monat-
liche Zeitschrift LU (später Neue LU), die in der redaktionellen Verantwortung des Presseamtsleiters stand. Zwar gab es immer wieder
einmal Kritik aus dem Lager der CDU, die sich mehr Berichte über
die Initiativen der Fraktionen wünschte. Nach meiner Auffassung

149

*Ein herzlicher Händedruck für Freund Horst Schork, langjähriger
Fraktionsvorsitzender der SPD*

wurde jedoch die Auseinandersetzung zwischen den Parteien ausreichend über die Lokalpresse dargestellt. Allerdings wurden die Haushaltsreden der Fraktionsvorsitzenden abgedruckt, damit die Bevölkerung über die Grundaussagen der Parteien informiert war. Hinzu kamen Schwerpunktthemen der Stadtentwicklung, die in der Tagesberichterstattung zu kurz kamen. Untersuchungen haben ergeben, daß die Zeitschrift von der Bevölkerung positiv aufgenommen wurde.

Der Stadtrat ist – nicht nur weil es in der Gemeindeordnung so festgelegt ist – das wichtigste Organ einer Stadt. Er beschließt jährlich den Umfang der Ausgaben durch einen Haushaltsplan und legt in einem Stellenplan die Zahl und die Eingruppierung der Mitarbeiter fest. Die Positionen werden sehr detailliert ausgewiesen. Damit setzt der Rat einen relativ engen Rahmen für den Handlungsspielraum der Verwaltung. Mit der Einführung der Budgetierung wird zwar der Raum für verwaltungsinterne Entscheidungen erweitert, aber dennoch müssen alle wichtigen Maßnahmen vom Stadtrat beschlossen werden. Damit ist der Rat Teil der Verwaltung und beschränkt sich nicht nur auf Satzungsbeschlüsse. Schon deshalb bedarf es einer engen Zusammenarbeit zwischen Stadtspitze und Ratsgremien, die sich vor allem in den Ausschüssen vollzieht. Die Vorbereitung der Entscheidungen erfolgt in Fraktionssitzungen. In den achtundzwanzig Jahren meiner Tätigkeit als Oberbürgermeister verfügte die SPD über eine absolute Mehrheit. Deshalb war meine Einbindung in die Fraktionsarbeit eine entscheidende Voraussetzung dafür, im Stadtrat die Zustimmung zu Vorlagen der Verwaltung zu erhalten. Zunächst mußte ich die SPD-Fraktion, an deren Sitzungen ich mit Stimmrecht teilnahm, überzeugen. Es blieb nicht aus – und das entspricht demokratischen Spielregeln –, daß die Fraktion auch abweichende Beschlüsse faßte, die dann für mich verbindlich waren. In der Vorbereitung dieses Entscheidungsprozesses war der SPD-Fraktionsvorsitzende der wichtigste Ansprechpartner. Ab 1964 führte Horst Schork die SPD-Fraktion. Leider ist er schon 1974 im Alter von 47 Jahren nach einer schweren Krankheit verstorben. Er hatte eine außergewöhnliche berufli-

Drei gute Freunde: Stadtverbandsvorsitzender Günter Janson und Oberbürgermeister Werner Ludwig gratulieren dem SPD-Fraktionsvorsitzenden Edwin Grimm zum 65. Geburtstag

che Karriere hinter sich. Als einziger Nichtakademiker hatte er eine Sondervertragsstellung als Abteilungsleiter in der BASF. Er war gleichzeitig Ortsvorsteher von Oppau und arbeitete oft bis in den frühen Morgen noch als Heimatforscher. Ich konnte mich voll auf ihn verlassen. Wir waren eng befreundet, sein Tod hat mich zutiefst erschüttert.

Mit seinem Nachfolger Edwin Grimm bestand ebenfalls ein herzliches Verhältnis. Er war ein außerordentlich zuverlässiger, gewissenhafter Partner. Er war kein Freund großer Reden, konnte aber jede Diskussion mit wenigen treffenden Worten beenden und klare Entscheidungen treffen. Nachdem Edwin Grimm den Vorsitz abgegeben hatte, arbeitete ich noch kurze Zeit mit einem weiteren guten Freund, Manfred Vogt, Technischer Vorstand der Technischen Werke Ludwigshafen AG, harmonisch zusammen.

Nach der Satzung des SPD-Stadtverbandes war auch die Partei in wichtige Entscheidungen einzubinden. Unabhängig davon hatten der langjährige Vorsitzende Günther Janson und ich über zwei Jahrzehnte gemeinsam um den richtigen Weg gerungen. Er und sein Nachfolger Rainer Rund haben mich auch beruflich begleitet, zunächst als Beigeordnete und dann als Bürgermeister. Im Amt hat jedoch jeder seinen Geschäftsbereich selbständig geleitet. Wenn es allerdings um Grundsatzfragen ging, wurde oft hart aber sachbezogen um die richtige Lösung gekämpft. Trotz mancher Meinungsverschiedenheiten kam es nie zu einem Bruch, da jeder von uns das gemeinsame Ziel – den Menschen zu dienen – im Auge hatte. Vor allem die CDU stellte immer wieder einmal die Frage, ob der Oberbürgermeister so stark in die politische Entscheidung der SPD eingebunden sein dürfe. Ich hoffe aufgezeigt zu haben, daß dies notwendig war, um meine Vorstellungen – kritisch begleitet – umsetzen zu können. Die Einbindung in die politische Gemeinschaft hinderte mich nicht daran, für alle Bürger da zu sein, unabhängig von ihrer politischen oder weltanschaulichen Einstellung, die ich immer respektiert habe. Soweit es jedoch um politisch umstrittene, grundsätzliche Fragen ging, hatte ich einen Wähler-

„Mit zunehmender Entfernung ist unser Verhältnis immer besser
geworden." Über diese Aussage des Oberbürgermeisters beim
Empfang aus Anlaß des 60. Geburtstages von Bundeskanzler
Dr. Helmut Kohl haben alle Teilnehmer herzlich gelacht.
Im Hintergrund: Dr. Georg Gölter und Kurt Böckmann

auftrag. Die SPD hatte vor jeder Wahl ein Programm verkündet, an dem ich mitgewirkt hatte und dem ich mich verpflichtet fühlte.

Die Vorberatungen in der Fraktion mußten noch ausreichend Spielraum für den Dialog mit den Vertretern der anderen Parteien lassen. Die Demokratie lebt von der Auseinandersetzung nicht nur um das richtige Ziel, sondern auch um den richtigen Weg. Deshalb gab es auch zahlreiche Gespräche mit der CDU, um die Möglichkeiten auszuloten, Kompromisse zwischen den unterschiedlichen Auffassungen zu finden und gemeinsame Wege zu gehen. Leider war dies oft nicht einfach. Dr. Kohl, der 1961 Fraktionsvorsitzender wurde, war mit der Absicht angetreten, die Mehrheitsverhältnisse in Ludwigshafen zu verändern. Das war sein gutes Recht. Er glaubte, dies durch einen harten Konfrontationskurs zu erreichen. Dadurch hatte sich jedoch das Klima im Stadtrat verschlechtert. Die CDU übernahm eine Oppositionsrolle, obwohl sie mit Albert Wild (CDU) seit 1958 den Ersten Bürgermeister stellte, der auch 1968 mit den Stimmen der SPD, die über eine absolute Mehrheit verfügte, wiedergewählt wurde. Albert Wild geriet in eine schwierige Situation. Er war ein überaus loyaler Kollege, der die in der Verwaltung festgelegte Zielrichtung mittrug. Er war zudem außerordentlich gewissenhaft und nahm seinen Auftrag als Kultur-, Schul- und Rechtsdezernent sehr ernst. Den Konflikt zwischen seiner Treuepflicht als Bürgermeister und den politischen Erwartungen seiner Parteifreunde hielt er schließlich nicht aus und ließ sich 1976 vorzeitig in den Ruhestand versetzen. Der Landtag hatte zuvor ein Gesetz beschlossen, wonach die Höchstzahl der hauptamtlichen Beigeordneten in Städten mit mehr als 120 000 Einwohnern von sieben auf fünf reduziert wurde. Deshalb mußte ein amtierender Beigeordneter zum Bürgermeister gewählt werden. Günther Janson wurde deshalb Albert Wilds Nachfolger als Erster Bürgermeister. Dies nahm die CDU völlig zu Unrecht zum Anlaß, der SPD vorzuwerfen, sie aus der Verwaltung verbannt zu haben. Richtig ist allerdings, daß sich die SPD, als es 1978 um die Nachfolge von Erich Reimann ging, für Karl-Horst Tischbein (F.D.P.) und gegen den Kandidaten der CDU entschied – nach dem damaligen Bonner und heutigen Mainzer

Muster einer sozial-liberalen Zusammenarbeit. Das damalige gespannte Verhältnis zur CDU war wohl der Hauptgrund für die neue Konstellation. Dies hat allerdings das Klima im Stadtrat zunächst zusätzlich belastet.

Zwar hatte sich Kurt Böckmann, der 1969 Dr. Kohl als Fraktionsvorsitzender folgte, um eine sachliche Zusammenarbeit bemüht. Er war Ausbilder in einem chemischen Betrieb und überzeugter Gewerkschafter. Insofern war Politik für ihn keine Ideologie, sondern das pragmatische Bemühen um richtige Lösungen. Auch als späterer Innenminister war er ein zuverlässiger Ansprechpartner für mich, wenn es um die Belange der Stadt Ludwigshafen ging. Seit 1969 gehörte jedoch auch Dr. Lothar Wittmann zeitweise dem Stadtrat an. Er war von seinem Freund Dr. Kohl nach Ludwigshafen als Schulleiter eines Gymnasiums geholt worden, nachdem er zuvor als Studienrat an der Europa-Schule in Brüssel gewirkt hatte. Zwar war er 1970 wieder aus dem Stadtrat ausgeschieden, nachdem sich herausgestellt hatte, daß er seinen Wohnsitz in Neustadt hatte. Nachdem aber dieser Mangel behoben war, kehrte er nach der Kommunalwahl 1974 erneut in den Stadtrat zurück und wurde 1976 als Nachfolger von Kurt Böckmann Fraktionsvorsitzender der CDU. Dr. Wittmann war ein außerordentlich begabter Rhetoriker, der mit intellektueller Schärfe versuchte, sich und die CDU zu profilieren. Dies führte zu manch heftiger Diskussion im Stadtrat, an der ich mich munter beteiligte und die nicht immer auf Verständnis bei den Zuhörern im Saal stieß. Auch ich fand nicht immer die notwendige Gelassenheit, um zur Sachlichkeit beizutragen. Sogar gerichtliche Auseinandersetzungen blieben nicht aus. Die CDU-Kreisvorsitzende Elsbeth Rickal, ehemalige Vorsitzende des Bundes der Katholischen Jugend Deutschland, die Helmut Kohl ebenfalls zur Verstärkung seiner Mannschaft als Schulleiterin nach Ludwigshafen geholt hatte und die später Staatssekretärin im Kultusministerium in Mainz wurde, bemühte sich um einen Ausgleich, was ihr auch öfters gelang. Zur einer persönlichen Feindschaft zwischen Dr. Wittmann und mir kam es erfreulicherweise nicht. Trotz turbulenter Wortgefechte konnte in Sachfragen oft ein Konsens erzielt werden. Mit seinem Nachfolger Julius Hetterich, der nach seinem Weggang 1978 den Fraktionsvorsitz übernahm, ließen die Auseinandersetzungen an Schärfe nach. Zu der von mir ersehnten Harmonie – wie sie im Bezirkstag bestand – kam es jedoch leider nicht. Dennoch hat sich Julius Hetterich um eine Annäherung bemüht, die sich nach und nach einstellte. Noch für kurze Zeit war Berthold Messemer als Fraktionsvorsitzender der CDU mein Ansprechpartner. Als Sozial- und Jugenddezernent hatte ich mit ihm in seiner Funktion als Vorsitzender des Bundes der katholischen Jugend – zeitweise auch des Stadtjugendringes – gut zusammengearbeitet. Wir knüpften auch weitere Kontakte, nachdem er die „Aktion 72" gegründet hatte.

Das Fazit der Stadtratstätigkeit könnte lauten: Trotz mancher Turbulenzen konnte das Schiff klaren Kurs halten. Der öffentliche Disput verdeckte oft den breiten Konsens, ein entscheidender Faktor für die erfolgreiche Arbeit des Stadtrates.

Von meinem Vorgänger hatte ich die Übung einer wöchentlichen „Verwaltungskonferenz" übernommen, in der alle anstehenden Probleme mit den Dezernenten besprochen wurden. Die Befugnisse der Beigeordneten wurden durch Änderung der Gemeindeordnung im Laufe der Jahre gestärkt. Sie konnten ihren Geschäftsbereich eigenverantwortlich leiten. Mit der Errichtung eines Stadtvorstandes wurden sie stärker in die Gesamtverantwortung eingebunden. Es spricht für die intensiven Diskussionen und die kollegiale Zusammenarbeit innerhalb des Stadtvorstandes, daß nur in zwei Fällen, als es um Kürzungen im Haushalt ging, abgestimmt werden mußte, ansonsten Lösungen gefunden wurden, die zumindest als Kompromisse akzeptiert werden konnten. Alle Entscheidungen zu den behandelten Punkten wurden protokolliert und den unmittelbar betroffenen Dienststellen am nächsten Tag zugestellt, um eine schnelle Umsetzung zu gewährleisten. Eine Vollzugskontrolle trug dazu bei, daß es nicht allzu viele Pannen gab.

Zu meiner Unterstützung hatte ich neben meinem Sekretariat im Laufe der Jahre ein eigenes Büro eingerichtet und den Mitarbei-

Werner Ludwig im Kreise seiner Dezernenten (von links: Hanns Astheimer, Wilhlem Varnholt, Günther Janson und Albert Wild)

tern Aufgaben übertragen, die teilweise vorher in Dienststellen der Verwaltung wahrgenommen wurden. Frau Ursula Berry war bereits als Sekretärin für meinen Vorgänger tätig und schied nach vier Jahren aus familiären Gründen (als Frau Olf) aus. Ihre Nachfolgerin Frau Sieglinde Deubig nahm die Funktion bis zu meiner Pensionierung wahr und arbeitete dann noch über ein Jahr für meinen Nachfolger. Beide Damen waren außerordentlich gewissenhaft und zuverlässig und haben meinen etwas unüblichen Arbeitsstil ertragen. Zusätzlich brauchte ich einen Berater, der mir auch einen Teil der Routinearbeit abnehmen konnte. In Karl Heinz Ries fand ich einen erfahrenen und kritischen Persönlichen Referenten, der dann später die Büroleitung übernahm. Bis er nach 18 Jahren zu den Technischen Werken Ludwigshafen AG überwechselte, war er unermüdlich tätig und unterstützte mich auch tatkräftig bei meinen ehrenamtlichen Funktionen. Aus zeitlichen Gründen war es für mich außerordentlich schwierig, regelmäßige Sprechstunden abzuhalten. Damit aber die Bürger Gelegenheit hatten, ihre Anliegen vorzubringen, wurde die Stelle eines Bürgerberaters eingerichtet. Damit wurde Hans-Joachim Weinmann betraut, der dann auch die Nachfolge von Karl Heinz Ries als Leiter des Büros übernahm.

Die Repräsentation und den Bereich Städtepartnerschaften löste ich aus einer Dienststelle heraus und gliederte sie in mein Büro ein. Zunächst nahm Hans Eberle, der später Dienststellenleiter des Bauverwaltungsamtes wurde, mit großem Engagement beide Aufgaben wahr. Ihm ist es zu verdanken, daß eine Partnerschaft mit Havering zustande kam. Nach seinem Weggang wurde die Aufgabe der Repräsentation Frau Elli Munzinger, die zuvor in der Geschäftsführung des PFALZORCHESTERS tätig war, übertragen. Sie hat mit großem Geschick und Einfühlungsvermögen ihre Aufgabe gemeistert und ist auch für meinen Nachfolger eine wertvolle Mitarbeiterin. Für den Bereich Partnerschaften übernahm Hans-Peter Demmer die Verantwortung. Er hat sich ebenfalls sehr engagiert und knüpfte enge Verbindungen zu den Repräsentanten aller Partnerstädte. Nach dem Ausscheiden von Hans-Joachim Weinmann übernahm Hans-Peter Barthel die Bürgerberatung und einige Zeit später Uwe Schwind die Aufgabe eines Persönlichen Referenten.

Die Entwicklung einer Stadt muß langfristig geplant werden. Dr. Hans-Jochen Vogel – mit dem ich auch in der SPD und im Städtetag eng zusammenarbeitete – hatte als Oberbürgermeister in München eine Stabsstelle eingerichtet, nach deren Vorbild ich in Ludwigshafen das Amt für Stadtentwicklung und Grundlagenforschung einrichtete, das mir unmittelbar unterstand. Über meine Amtszeit hinaus leitete Karlheinz Hieb dieses Amt mit viel Übersicht. Die zahlreichen Veröffentlichungen waren auch eine wertvolle Entscheidungshilfe für den Stadtrat.

Zu meinem Dezernat gehörten neben den schon erwähnten Ämtern noch das Hauptamt (Leiter: Dr. Klaus Schäfer und nach ihm Volker Rumetsch), das Personalamt (Leiter bei meinem Amtsantritt: Ludwig Owart, dann Ernst Ruppert und als sein Nachfolger Wolfgang Schmitt), und das Rechnungsprüfungsamt (mit seinen Leitern Willi Eichenlaub, Werner Ullrich und Horst Heiler). Die Amtsleiter dieser Querschnittsämter hatten wichtige Koordinierungs- und Beratungsfunktionen für die Stadt. Aus Anlaß meines 70. Geburtstages hat der langjährige Leiter des Personalamtes, Ernst Ruppert, ein anerkannter Fachmann, der wichtige Funktionen in der KOMBA wahrnahm und sich intensiv um die Aus- und Weiterbildung von Beamten und Angestellten kümmerte, meine Zusammenarbeit mit den Mitarbeitern mit folgenden Worten kommentiert:

„Was machte Sie in unseren Augen sympathisch als Chef: Sie führten uns an der „langen Leine". Sie ließen uns einen großen Handlungs- und Entscheidungspielraum. Unsere intellektuelle Selbständigkeit schränkten Sie nur dort ein, wo es notwendig war, aus den verschiedensten Gründen. Sie stellten sich vor uns, wenn es Kritik gab. Bei Kritik von Ihnen wählten Sie das Gespräch unter vier Augen. Wir konnten uns auf Sie verlassen. Sie vertrauten uns. Für Sie war ‚Vertrauen' der Anfang von allem. Ihre Führungsphilosophie war ‚Zutrauen veredelt den Menschen, Mißtrauen hemmt sein Reifen' (Reichsfreiherr von und zum Stein), nicht ‚Vertrauen ist gut, Kontrolle ist besser' (Lenin). Sicherlich – es gab auch Mißverständisse, Ärger, Enttäuschungen. Auf beiden Seiten. Aber wir fanden uns immer wieder in der gemeinsamen Aufgabe, dem Bürger und seiner Stadt zu dienen.

Sie waren und sind für uns eine geistig-moralische Autorität. Vorbild. Wir haben von Ihnen gelernt, vor allem von Ihrer Kultur des Kompromisses. Und von Ihrer Fähigkeit, das Ganze zu sehen. Sie haben uns mitunter aus der Ressortorientierung herausholen müssen, wenn wir uns als ‚Meister des Details' zu sehr unserer spezifischen Aufgabe verpflichtet fühlten.

Unsere persönliche Wertschätzung hat noch einen besonderen Grund. Sie waren immer bereit, eigene Fehler zuzugeben, wenn Sie erkannten, daß wir im Recht waren. Und es fiel Ihnen keine Perle aus der Krone, sich zu entschuldigen, falls Sie uns da und dort einmal falsch behandelt hatten. Entschuldigung war für Sie kein Fremdwort.

In einem Satz: Sie waren keine Autoriät des Amtes, die sich über die Macht der Hierarchie definiert, sondern ein Chef, der durch sein Vorbild zu überzeugen wußte."

Da die Stadt viele neue Aufgaben zu bewältigen hatte, mußten zwangsläufig zusätzliche Stellen geschaffen werden. An einigen Beispielen möchte ich diese Notwendigkeit belegen: Achthundert Hektar zusätzliches Grün erforderten mehr Gartenarbeiter. Für neue Kindergärten und kleinere Gruppen in den vorhandenen Einrichtungen mußten zusätzliche Betreuungskräfte eingestellt werden. Neue Straßen und Wohngebiete mußten gereinigt werden. Vom Land wurden uns polizeiliche Aufgaben übertragen. Damit wird deutlich, weshalb die Beschäftigtenzahl stark angestiegen ist. Für die Wahrnehmung staatlicher Aufgaben wird zwar vom Land innerhalb des Finanzausgleichs ein Pauschalsatz pro Einwohner erstattet, der jedoch bei weitem die Kosten nicht abdeckt. Die Personalausgaben sind ein wesentlicher Faktor im städtischen Haushalt. Um die Kostenentwicklung in einem vertretbaren Rahmen zu halten, fanden ständig Organisationsprüfungen statt. So konnte die

Personalfluktuation dazu genutzt werden, Rationalisierungsvorschläge umzusetzen und Personal einzusparen.

Das Beispiel der Personalentwicklung der letzten zehn Jahre meiner Amtszeit zeigt die Zwänge, in denen eine Stadt steht. Von 1982 bis 1992 wurden 517 zusätzliche Stellen geschaffen. Davon entfielen allein auf den Sozialbereich 329 – 133 davon für das Kindergartenpersonal. Zur Wahrnehmung polizeilicher Aufgaben mußten vom Land 93 Stellen übernommen werden. Durch Rationalisierungsmaßnahmen konnte eine Stellenvermehrung von rund 100 Stellen vermieden werden, die wegen der Arbeitszeitverkürzung notwendig geworden wären. Gegen einen überzogenen Abbau von Arbeitsplätzen habe ich mich stets vehement gewehrt. Bei einfachen Arbeiten, wie Straßenreinigung oder Hilfsarbeiten im Gartenamt, führt dies indirekt – abgesehen von der Gefahr einer übermäßigen Verschmutzung der Straßen und Vernachlässigung der Parkanlagen – zu einer Zunahme der Arbeitslosen- und Sozialhilfeempfänger. Deshalb müssen bei jeder Sparmaßnahme auch die daraus entstehenden Folgen sorgfältig geprüft werden. Meinen Mitarbeitern im Organisationsbereich möchte ich bescheinigen, daß sie bei Stellenplanberatungen – nicht immer zur Freude der Dezernenten – die Wünsche auf das notwendige Maß zurückgeführt haben.

Ludwigshafen steht im Ruf, eine reiche Stadt zu sein. Dies ist ein relativer Begriff. Zunächst müssen den Einnahmen die Ausgaben gegenübergestellt werden. Die zahlreichen Investitionen für eine Infrastruktur, die für eine florierende Wirtschaft unabdingbar ist, erfordern hohe Aufwendungen. Große Probleme bereiteten der Stadt Ludwigshafen die außerordentlichen Schwankungen bei den Steuereinnahmen. Dafür gibt es nicht nur konjunkturbedingte Gründe, sondern auch bilanztechnische Faktoren. Ohne das Steuergeheimnis zu verraten, kann jeder erkennen, daß die BASF der weitaus größte Steuerzahler der Stadt ist. Ich betonte immer wieder: Ein Schnupfen bei der BASF führt zu einer Lungenentzündung bei der Stadt. Deshalb war es wichtig, in guten Jahren Rücklagen zu bilden, die dazu dienten, schlechtere Jahre überbrücken zu können. Der Einbruch der Steuereinnahmen 1993 war besonders gravierend. Er war allerdings nicht der erste in meiner Amtszeit. So heißt es im Vorbericht zum Haushaltsplan 1967: „Die zeitliche Verzögerung der größten Investitionen um ein Jahr wird die Stadt in den Jahren 1967 und 1968 von hohen Darlehensaufnahmen entlasten und die Gesamtkosten der Baumaßnahme auf eine längere Zeit verteilen. Auch die für 1967 vorgesehene Eröffnung des Neuen Pfalzbaues mußte aus finanzwirtschaftlichen Gründen verzögert werden." Die Absicht, einen Ausgleich durch Steuererhöhungen herbeizuführen – in Abstimmung mit dem damaligen Kämmerer Dr. Dietrich Oedekoven – wurde wieder aufgegeben, nachdem die Einnahmen den ursprünglich geschätzten Betrag überschritten hatten. Die Nachfolger im Amt des Stadtkämmerers, Wilhelm Varnholt, Dr. Knut Weber und Wilhelm Zeiser, betrieben ebenfalls eine sorgfältige und sparsame Haushaltswirtschaft. Trotz zweimaliger Steuererhöhungen – zum Ausgleich der Lohnsummensteuer und wegen erheblicher Steuerausfälle – blieb Ludwigshafen stets unter den Hebesätzen anderer vergleichbarer Städte. Die BASF hat sich dennoch immer vehement gegen Erhöhungen ausgesprochen. Dadurch entstandene vorübergehende Spannungen zwischen dem Konzern und der Stadt konnten jedoch überwunden werden, ohne dauerhafte atmosphärische Störungen zu hinterlassen. Weitere Einnahmeneinbrüche in den siebziger und achtziger Jahren konnten über die Rücklagen ausgeglichen werden. Zwangsläufig führten die Einnahmeschwankungen zu erheblichen Veränderungen der Rücklagen. So betrugen sie 1975 rund 40 Millionen DM, das waren 10 % der Ausgaben und 8,7 % der Verschuldung. In den „guten Jahren" von 1989 bis 1991 betrugen sie zwischen 186 und 160 Millionen und lag damit bei 35 % der Ausgaben und knapp 50 % der Verschuldung. Neuerdings erzielt die BASF wieder beachtenswerte Gewinne. Die Steuereinnahmen steigen jedoch nicht im gleichen Umfange an. Eine Prognose für eine längerfristige Entwicklung zu wagen ist außerordentlich schwierig. Viele Faktoren bestimmen einerseits die Ertragslage, andererseits die Höhe der zu zahlenden Steuer. Die weltweite Verflechtung der Wirtschaft, die mit dem Schlagwort Globalisierung gekennzeichnet wird, beein-

flußt zunehmend die nationale Entwicklung. Sie hat nicht nur Auswirkungen auf die Finanz-, sondern auch auf die Beschäftigungssituation. Der Abbau von zehntausend Arbeitsplätzen allein bei der
BASF ist mit eine Folge davon. Welche dramatischen Auswirkungen
dies nicht nur für die Menschen in der Stadt, sondern in der gesamten Region hat, ist angesichts der sozialverträglichen Lösungen für
die Beschäftigten (Vorruhestand) möglicherweise noch nicht voll ins
Bewußtsein gerückt. Jugend- und Langzeitarbeitslosigkeit nehmen
immer weiter zu. Es fehlen die abgebauten Arbeitsplätze für Menschen auf Arbeitssuche. An diesem Beispiel wird deutlich, wie
abhängig eine Stadt von Entwicklungen ist, auf die sie keinen oder
kaum Einfluß nehmen kann. Es gibt jedoch viele Verflechtungen im
engeren und weiteren Bereich, die das Schicksal einer Stadt mitbe-
stimmen. Auf einige davon möchte ich im nächsten Kapitel eingehen.

ÜBER DIE GRENZEN HINAUS

DIE REGION

Von der Einbindung einer Stadt in ihre Nachbarschaft wird ihre Entwicklung mitbeeinflußt. Dies gilt verstärkt für einen Ballungsraum, damit auch für das Rhein-Neckar-Dreieck. Besondere Probleme bereitet unserer Region die Trennung durch drei Ländergrenzen. Der frühere Innenminister des Landes Baden-Württemberg, Professor Walter Krause, hatte versucht, über eine Länderneugliederung eine Zusammenführung in einem Land zu erreichen. Obwohl ich die Chancen dafür gering einschätzte, habe ich seine Bemühungen stets unterstützt. Unsere Aktivitäten blieben leider ohne Erfolg. Immerhin gelang es Walter Krause, eine vertragliche Vereinbarung zwischen den drei Ländern herbeizuführen, die die Bildung eines länderübergreifenden Raumordnungsverbandes ermöglichte. Dies war zweifellos ein wichtiger Schritt für das Zusammenwachsen der Region. Allerdings kann der Verband Planungsvorgaben nicht selbst umsetzen. Dies war von den Ländern auch nicht gewollt, zumal dafür ein Regionalparlament hätte gebildet werden müssen. Die Länder werden vermutlich auch in Zukunft schon angesichts der unterschiedlichen Verwaltungsstrukturen kaum gewillt sein, eine länderübergreifende eigenständige Instanz zu schaffen. Der Raum wird auch in Zukunft mit den Ländergrenzen leben müssen.

Umso wichtiger ist eine enge Zusammenarbeit zwischen den beiden Oberzentren Mannheim und Ludwigshafen. Sie hat sich

Professor Walter Krause stimmt den Oberbürgermeister
nachdenklich

schwerpunktmäßig im Verkehrsbereich und bei der Energieversorgung eingestellt. Auf den Quasi-Verkehrs-Verbund zwischen den beiden Städten habe ich bereits hingewiesen. Die Abstimmung über die rheinüberquerenden Brückenbauwerke und ihre Anschlüsse in den beiden Städten war eine wichtige Voraussetzung für eine schnelle Realisierung der Projekte. Gegenseitige Hilfestellung, wie z. B. bei Feuerwehreinsätzen, die dem Schutz der Bevölkerung dienen, tragen gleichzeitig zu Kosteneinsparungen bei.

Das Bemühen, Probleme gemeinsam zu lösen, führte zu engen Kontakten mit der Mannheimer Verwaltungsspitze. Kurz nach meiner Amtsübernahme setzte ich mich mit Dr. Hans Reschke, eine weit über seine Stadt hinaus anerkannte Persönlichkeit, in Verbindung. Wir waren uns einig, daß wir so eng wie möglich zusammenarbeiten sollten. Zu diesem Zweck fand auch ein gemeinsames Führungsseminar von Verwaltungskräften der beiden Städte statt, um eine bessere Koordination auf breiter Basis zu ermöglichen. Die Zusammenarbeit mit Dr. Reschke führte zu einer freundschaftlichen Verbindung, die auch mit seinen Nachfolgern Professor Dr. Ludwig Ratzel, Wilhelm Varnholt und Gerhard Widder zustande kam.

Ludwig Ratzel war ein echter Mannheimer, dem ich aufgrund unseres guten Verhältnisses sagen konnte: „Du verspeist jeden Morgen einen Ludwigshafener." Kurz vor seinem Abschied aus dem Amt meinte er: „Inzwischen ist es nur noch ein halber!"

Wilhelm Varnholt war längere Jahre Kämmerer in Ludwigshafen. Wir verstanden uns gut. Er kannte sich in unserer Stadt genau aus und hatte keine Berührungsängste.

Mit dem „Kurpfälzer Hüttenkabinett", von dem Hermann Fünfgeld gesprochen hat, waren natürlich vor allem die Wanderungen zusammen mit Gerhard Widder gemeint. Bereits bei seiner Wahl hatte ich ihn nach besten Kräften unterstützt. Unsere enge Freundschaft hat uns nicht daran gehindert, den kritischen Dialog zu

*Für die beiden Oberbürgermeister von Mannheim und
Ludwigshafen (rechts Professor Dr. Ludwig Ratzel) bedeutet der
Rhein keine Grenze. Die neue Brücke verbindet die beiden Städte*

führen. Wenn es Interessengegensätze gab, hat jeder versucht, Verständnis für den anderen aufzubringen und eine für beide Seiten vertretbare Lösung zu finden. Unsere Städte konnten davon nur profitieren.

Gäbe es keine Ländergrenzen, wären sicher noch weitere Verknüpfungen möglich. So könnte ein gemeinsamer Hafen – er wäre der größte Binnenhafen in der Bundesrepublik – Synergieeffekte bringen. Für ein Land scheint es jedoch undenkbar zu sein, die „Hoheit" über einen „eigenen" Hafen aufzugeben. Die Müllentsorgung wäre gemeinsam besser zu lösen. Die Länder beschließen jedoch für ihren Bereich eigene Abfallentsorgungspläne, die eine ohnehin schon schwierige Abstimmung zwischen den kommunalen Gebietskörperschaften länderübergreifend noch zusätzlich erschweren. Ein positives Zeichen für den Willen einer noch engeren Zusammenarbeit wurde im Juni 1997 mit dem Kooperationsvertrag im Energiebereich zwischen der Mannheimer Versorgungs- und Verkehrsgesellschaft mbH und der Pfalzwerke AG dokumentiert.

Das Land Rheinland-Pfalz war seinerseits bei der Verwaltungs- und Gebietsreform Anfang der siebziger Jahre nicht bereit, für den linksrheinischen Verflechtungsbereich einen Regionalverband zu gründen. Das Land wollte zwar durch größere Gebietseinheiten die Verwaltungskraft stärken. Um dies zu erreichen, sollten kleinere Gemeinden im Umland der Städte eingemeindet, in der Fläche zu Verbandsgemeinden – unter Beibehaltung einer gewissen Eigenständigkeit für die Ortsgemeinden – verwaltungsmäßig zusammengefaßt werden. Dagegen hatte ich für Ballungsgebiete erhebliche Vorbehalte. In einem Vortrag Anfang 1968 hatte ich vor einem Arbeitskreis der SPD u. a. ausgeführt: „ . . . Die Städte übernehmen immer mehr Funktionen für ihr Umland. . . . Deshalb müssen die eng miteinander verflochtenen Räume auch verwaltungsmäßig zusammengefaßt werden. Ansätze dafür sind im Landesplanungsgesetz zu finden; allerdings wird der Zuständigkeitsbereich der vorgesehenen Regionen auf Planungsaufgaben beschränkt. Damit

Ehepaare Widder und Ludwig beim Neujahrs-Empfang in Ludwigshafen

können jedoch die Aufgaben unserer Zeit nicht gelöst werden. Es kommt nicht nur auf eine einheitliche Planung an, sondern noch viel mehr auf die Verwirklichung der entwickelten planerischen Vorstellungen. Dazu bedarf es aber einer einheitlichen regionalen Verwaltung, die gleichzeitig eine Klammer zwischen den Städten und den Landgemeinden herstellt."

Meine Vorschläge für einen Regionalverband – den ich stufenweise einführen wollte – wurden jedoch vom Gesetzgeber nicht aufgegriffen. Wegen der engen Verflechtung der beiden Städte Frankenthal und Ludwigshafen schlug ich einen Mehrzweckverband mit den Umlandgemeinden vor, dem die gemeindeübergreifenden Aufgaben zugeordnet werden sollten. Dem stand eine Entscheidung des Verfassungsgerichtshofes Rheinland-Pfalz entgegen, der die Übertragung umfassender Zuständigkeiten auf eine nicht unmittelbar gewählte Vertretungskörperschaft als eine Aushöhlung der Selbstverwaltung und damit als verfassungswidrig ansah. Das beschlossene Gesetz entsprach schließlich den ursprünglichen Zielvorstellungen der Landesregierung mit einer gravierenden Ausnahme: Für die Bereiche Frankenthal, Ludwigshafen und Speyer wurden keine Eingemeindungen beschlossen. Die Umlandgemeinden der drei Städte blieben entweder selbständig oder wurden zu Verbandsgemeinden zusammengefaßt. Dieser Zuschnitt sollte die Position der CDU stärken. Ob die SPD dies nicht erkannt hat oder in anderen Bereichen Zugeständnisse von der CDU erhielt, vermag ich nicht zu beurteilen. In der Vorderpfalz konnten dadurch zwei Landkreise gebildet werden, für die nach den früheren Wahlergebnissen eine CDU-Mehrheit zu erwarten war. Wäre es zu Eingemeindungen wie in den übrigen Gebieten gekommen, hätte von der Bevölkerungszahl her nur ein Landkreis gebildet werden können. Selbst eine freiwillige Eingemeindung von Birkenheide – von Rat und Einwohnern mit entsprechender Mehrheit beschlossen – wurde von der Landesregierung nicht genehmigt. Auch die CDU in Ludwigshafen stimmte im Stadtrat gegen die Aufnahme von Birkenheide in die Stadt! Vor allem gegenüber der von der SPD geführten Stadt Ludwigshafen sollte ein CDU-Landrat ein Gegengewicht bilden. Die Rechnung ging auf. Mit Dr. Paul Schädler sorgte die Landesregierung für einen Kontrahenten, der es mit viel Geschick verstand, die Eigenständigkeit des Kreises gegen die Stadt auszuspielen. Eine Ironie des Schicksals ist es allerdings, daß der nachfolgende Landrat Dr. Ernst Bartholomé mit Hilfe einer Koalition unter Beteiligung der GRÜNEN als Landrat wiedergewählt wurde und es derzeit mit einer rot-grünen Koalition in Ludwigshafen zu tun hat!

Nachdem der Stadt durch den Gesetzgeber keinerlei Gebietserweiterung zugestanden wurde, waren für bauliche Erweiterungen innerhalb der Stadt enge Grenzen gesetzt. Lediglich Ruchheim wurde auf Beschluß des dortigen Gemeinderats – Bürgermeister Ernst Gutermann hatte sich mit viel Geschick und großem Nachdruck dafür eingesetzt – mit Ludwigshafen vereint. Wegen der engen Verflechtung konnte das Land seine Zustimmung nicht verweigern. Angesichts der großen Wohnungsnot war die schon dargestellte überwiegende Bebauung mit Geschoßwohnungen aus sozialen und menschlichen Gründen zwingend. Viele Bauinteressenten erwarben auch deshalb Grundstücke im Umland, weil sie preiswerter waren als in der Stadt. So kam es zur „Stadtflucht", die kurioserweise der SPD von der CDU vorgeworfen wurde. Wäre es, wie in fast allen anderen Städten, zu Eingemeindungen gekommen, wären viele Ludwigshafener lediglich innerhalb der Stadt in einen anderen Stadtteil gezogen.

Die unterbliebenen Eingemeindungen hatten auch nachteilige finanzielle Folgen für die Stadt. Mit der Beteiligung der Gemeinden an der Einkommensteuer – gegen die grundsätzlich nichts einzuwenden ist – stiegen durch den Einwohnerzuwachs die Einnahmen des Umlandes zu Lasten der Stadt. Ludwigshafen als Oberzentrum mußte jedoch weiterhin die Kosten für Infrastrukturen tragen, wie Straßen, ÖPNV, weiterführende Schulen, Berufsschulen, Krankenhäuser, Theater und anderes mehr. Natürlich kann sich ein Oberzentrum den Leistungen für das Umland nicht entziehen – es gehört zu seinen Aufgaben. Es profitiert auch davon, Lebendigkeit und Vielfalt hängen davon ab. Die finanziellen Belastungen müßten jedoch durch das Land ausgeglichen werden. Dabei dürfen nicht nur die Einnahmen – also die Finanzkraft –, sondern müssen auch die Ausgaben berücksichtigt werden. Auch eine viele Jahre hindurch finanzkräftige Stadt wie Ludwigshafen ist bei rückläufigen Gewerbesteuereinnahmen benachteiligt. Zwei Faktoren belegen diese These: Die geringe Verschuldung der Umlandgemeinden und des Landkreises im Verhältnis zur Stadt und die bessere Ausstattung mit Freizeiteinrichtungen – Hallenbäder, Sporthallen oder Bürgerhäuser – im Vergleich zur Stadt. Während es früher ein Stadt-Land-Gefälle gab, muß heute eher von einem (Um)Land-Stadt-Gefälle gesprochen werden.

Viele Städte sind allerdings noch in einer sehr viel schwierigeren Situation als Ludwigshafen. Auf dem Städtetag 1974 hatte der damalige Präsident Dr. Hans-Jochen Vogel für die Jahreshauptversammlung das Thema gewählt: „Rettet unsere Städte jetzt!" Leider haben alle Appelle wenig bewirkt. Der Städtetag hat nie den Einfluß bekommen, der ihm aufgrund der Bedeutung der Städte für die gesellschaftspolitische Entwicklung zugestanden hätte. Dabei haben die politischen Gruppierungen innerhalb des Städtetages solidarisch zusammengearbeitet. Es spielte keine Rolle, ob der Vorsitzende des Städtetages mit Hans-Jochen Vogel von der SPD oder mit Manfred Rommel von der CDU gestellt wurde. Alle haben sie die Interessen der Städte mit den Vertretern der anderen Parteien ohne Rücksicht auf die jeweilige Mehrheit im Bund vertreten. Die Länder können über den Bundesrat ihre Rechte wahrnehmen, die Kommunen haben kein Sprachrohr, mit dem sie ihre berechtigten Interessen durchsetzen können. Neuerdings hat der Städtetag einen erneuten Vorstoß unternommen, damit in der Bundesrepublik eine ähnliche Regelung wie in Österreich eingeführt wird. Nach einer Ergänzung der Verfassung dürfen dort Gesetze, die die Gemeinden betreffen, nur mit deren Zustimmung beschlossen werden. Es ist zu befürchten, daß auch heute die Städte keine Chance erhalten, die sie belastende Gesetzgebung maßgeblich zu beeinflussen. Dies ist umso unverständlicher, als die Kommunalpolitiker den Staat vor

*Ministerpräsident Dr. Bernhard Vogel (zweiter von links)
informiert sich über städtische Probleme. Mit von der Partie die
Dezernenten (von links) Rainer Rund, Dr. Knut Weber und
Karl-Horst Tischbein*

Ort vertreten und die unmittelbaren Ansprechpartner der Bürger sind. Es gäbe weniger Parteien- und Staatsverdrossenheit, wenn die Städte in die Lage versetzt würden, den berechtigten Belangen der Bürger besser Rechnung zu tragen. Die politische Stimmung wird in den Kommunen mitgeprägt.

Es ist dennoch erstaunlich, was trotz einseitiger Belastungen durch den Bund und die Länder in den Städten geleistet wurde. Tatkräftiges Handeln der Kommunalpolitiker und ehrenamtliches Engagement haben dazu beigetragen. Allerdings darf nicht verschwiegen werden, daß viele Projekte mit finanzieller Hilfe von Bund und Land realisiert werden konnten. Dazu bedurfte es oft intensiver Überzeugungsarbeit, manchmal mußte auch über ein Vorstoß in der Öffentlichkeit nachgeholfen werden. In der Regel ist es mir gelungen, durch Gespräche den gewünschten Erfolg zu erzielen. Dies gilt insbesondere für den Straßenbau und den öffentlichen Nahverkehr (ÖPNV). Die vom Land oder der Stadt geplanten Projekte wurden mit dem Staatssekretär Dr. Hermann Eicher und Minister Heinrich Holkenbrink vom Wirtschafts- und Verkehrsministerium Rheinland-Pfalz abgestimmt. Über regelmäßige Arbeitssitzungen mit den leitenden Mitarbeitern wurde die Finanzierung und Umsetzung gewährleistet. Sie haben uns sachkundig und unbürokratisch geholfen.

Die persönlichen Kontakte, die ich mit Kultusminister Dr. Bernhard Vogel und seinem Nachfolger Dr. Georg Gölter geknüpft hatte – dies gilt auch für die Staatssekretärin Dr. Hanna-Renate Laurien –, wirkten sich positiv auf die Zusammenarbeit zwischen ihrem Ministerium und der Stadt aus. Oft von der Öffentlichkeit unbemerkt kam es über Parteigrenzen hinweg zu gemeinsamem Handeln. Den Nutzen einer vertrauensvollen Zusammenarbeit hatten in der Regel sowohl das Land als auch die Stadt. So konnte ich den Stadtrat davon überzeugen, dem politisch umstrittenen Projekt eines privaten Fernsehens mit der Errichtung der Anstalt für Kabelkommunikation in Ludwigshafen zuzustimmen. Dr. Vogel hatte sich mit Nachdruck dafür eingesetzt und erhielt meine volle Unterstützung.

*Das Mainzer Kabinett tagt in Ludwigshafen. Ministerpräsident
Rudolf Scharping und Wirtschaftsminister Rainer Brüderle tragen
sich ins Goldene Buch ein*

Die Überschrift dieses Kapitels könnte auch lauten: Über Parteigrenzen hinaus. Dieser Weg ist oft hilfreicher als die harte Konfrontation.

Bei der zur Zeit kritischen Phase der gesellschaftspolitischen Entwicklung mit hoher Arbeitslosigkeit und fehlenden Zukunftsper-
spektiven für die Jugend wäre es wichtig, parteiübergreifend
gemeinsam nach Lösungen zu suchen. Wir sollten uns an die
Tugenden erinnern, die den Wiederaufbau in Gemeinden, Ländern
und Bund nach 1945 ermöglicht haben.

PARTNERSCHAFTEN

Die Einbindung in die Völkergemeinschaft war für Deutschland
nach dem Zweiten Weltkrieg eine unabdingbare Voraussetzung für
den Wiederaufbau unseres zerstörten Landes. Dazu war es notwendig, Feindschaften zu überwinden und das Vertrauen der
Nachbarn zurückzugewinnen. Durch Partnerschaften haben viele
Städte und Gemeinden einen nicht unwichtigen Beitrag zur Versöhnung geleistet. Vor allem zwischen Frankreich und Deutschland
wurden viele Verbindungen geknüpft.

Ludwigshafen hat sich relativ spät entschlossen, eine Verbindung
mit einer französischen Stadt herzustellen. Dr. Klüber, der schon als
Oberbürgermeister von Offenbach eine Partnerschaft eingegangen
war, suchte auch nach einer Partnerstadt für Ludwigshafen. Bei der
deutsch-französischen Bürgermeister-Union lag damals eine Anfra-
ge der Stadt Lorient in der Bretagne für eine Verbindung vor, so daß
beide Städte Kontakte aufnahmen. 1959 fand unter der Leitung von
Erich Reimann die erste Sportlerbegegnung in Lorient statt, an der
ich als weiterer offizieller Vertreter der Stadt teilnahm. Die Aufnahme war außerordentlich herzlich. Dabei waren auch die französischen Stadträte Robert Le Person und Paul Bollet. Unter den deutschen Teilnehmern entstanden neue und dauerhafte Freundschaf-

Oberbürgermeister Yves Allainmat aus Lorient zwischen Lucia und Werner Ludwig – ein stets gern gesehener Gast in Ludwigshafen

Auszeichnung für besonders gute Partnerschaft: Die beiden Ober-bürgermeister, in der Mitte Jean Yves Le Drian, nehmen die Auszeichnung von Senatspräsident Couve de Murville entgegen

ten, so u. a. zwischen Kurt Noé, technischer Leiter von Weltmeisterschaften und Olympiaden im Fechten und mir. Nach drei Jahren offizieller und bürgerschaftlicher Begegnungen konnte der Vertrag mit dem Oberbürgermeister von Lorient, Louis Glotin, in Fontainebleau unterzeichnet werden. Diese Städteverbindung zählt zu den erfolgreichsten zwischen beiden Ländern. Bei der Verleihung des „Prix France-Allemagne des Jumelages", den mein Kollege Jean-Yves Le Drian, Oberbürgermeister von Lorient, und ich entgegennehmen durften, wurde uns dies von dem früheren Außenminister Couve de Murvillé bescheinigt. Le Drian war im übrigen auch langjähriger Abgeordneter der Nationalversammlung – inzwischen ist er es wieder geworden – und Minister für Meeresangelegenheiten. Vor ihm hatte bereits Yves Allainmat, der in Ludwigshafen großes Ansehen genoß und viele Jahre Vizepräsident der Nationalversammlung war, der Partnerschaft große Impulse gegeben. Auch sein Nachfolger Jean Lagarde pflegte enge Kontakte. Ihnen zur Seite standen viele Jahre hindurch der zuständige Beigeordnete Armand Guillemot und die Partnerschaftssekretärin Yvette Gagne. Von Anfang an dabei war auch Yves Daouphars, der sich vor allem um den Jugendaustausch verdient gemacht hat. Das Deutsch-Französische Jugendwerk hat beträchtliche Finanzierungshilfen geleistet und dadurch viele Begegnungen ermöglicht. Die offiziellen Begegnungen, die auch zu persönlichen Freundschaften zwischen Repräsentanten von Verwaltung und Rat führten, dienten stets dazu, die Treffen zahlreicher Bürgergruppen, vor allem den Schulklassenaustausch und andere Jugendbegegnungen vorzubereiten.

Die erste Partnerschaft entwickelte sich mit der Stadt Pasadena in Kalifornien (USA), die Ludwigshafen nach 1945 mit Lebensmitteln versorgte. Dem damaligen Bürgermeister Ray A. Benedict wurden für seinen großen Einsatz die Ehrenbürgerrechte der Stadt Ludwigshafen verliehen. Vor allem die Entfernung, aber auch das Fehlen einer kommunalen Verbindungsstelle in Pasadena ließen nur einen zahlenmäßig beschränkten Austausch zu. Dennoch sind viele freundschaftliche Verbindungen entstanden, von denen auch meine Familie nicht ausgenommen blieb.

Die Partnerschaft mit Pasadena lebt von vielen freundschaftlichen Verbindungen. Auf dem Bild Ehepaar Herr, links Rheinpfalz-Lokalchefredakteur Ullrich Zink

Nach Lorient ging die Stadt Ludwigshafen eine Partnerschaft mit Havering, einer Stadt im Bezirk Groß-London ein. Es waren zunächst private Initiativen, die eine Verbindung zwischen den beiden Städten hergestellt haben. Nach einem Treffen von Polizisten im Rahmen der Internationalen Polizei-Assoziation (IPA) in Havering übermittelte mir der Vorsitzende der Ludwigshafener Verbindungsstelle, Hans Schorn, gleichzeitig im Namen seines unvergessenen Kollgegen Fred Lawes die Bereitschaft der Stadt Havering zur Kontaktaufnahme mit Ludwigshafen. Durch die schon erwähnten Bemühungen von Hans Eberle kam es 1971 zur offiziellen Partnerschaftsunterzeichnung zwischen dem damaligen Bürgermeister Bert James und mir in Havering. Es folgten zahlreiche Begegnungen bürgerschaftlicher Gruppen. Sie fanden dabei die Unterstützung verantwortlicher Persönlichkeiten in beiden Städten. Bill Sibley – 1969 bei der ersten Begegnung noch Bürgermeister – hat entscheidende ideelle und materielle Hilfestellung geleistet und immer wieder neue Impulse gegeben. Zwischen unseren Familien entstanden enge freundschaftliche Verbindungen. Ebenso setzten sich Michael Ward, langjähriger Labour-Abgeordneter und John Fowler, Schuldirektor und Sprachgenie, für die Partnerschaft ein. Die freundschaftlich familiären Kontakte halten bis heute noch an. Auf Ludwigshafener Seite haben sich neben vielen anderen Waldemar Frenzel und Karl-Heinz Jungbluth besonders engagiert.

Es war nicht immer ganz einfach, die fehlende Verwaltungskoordination in Havering ehrenamtlich zu ersetzen. Außerdem fehlte die finanzielle Unterstützung, die für den deutsch-französischen Jugendaustausch gewährt wurde. Dennoch hat auch diese Partnerschaft zu vielen Begegnungen geführt und zum besser Verständnis zwischen den beiden Ländern beigetragen.

Auf Initiative des damaligen Vorsitzenden der Deutsch-Russischen Gesellschaft, Jörg-Heinrich von Bülow, war ich bereit, Kontakte mit einem sowjetischen Partner aufzunehmen. Ziel war es, einen Beitrag zur Entspannungspolitik zu leisten. Die erste Reise führte über Moskau nach Baku. Dort erfuhren wir, daß eine Part-

*Die Ehefrauen von Bill Sibley und Bert James tragen sich ins
Goldene Buch der Stadt Ludwigshafen ein*

nerschaft mit Sumgait, einer Stadt der Chemie in der Nähe von Baku in Aserbaidshan, vorgesehen war. Nach vielen Widerständen in Ludwigshafen kam es nach fast zehnjährigen Verbindungen zu einem positiven Stadtratsbeschluß.

Nicht nur wegen der Entfernung gab es erhebliche Probleme. An einer Bürgerreise, die über Moskau nach Sumgait und von dort noch nach Tiblissi und Eriwan führte, nahm auch das Ludwigshafener Jugendblasorchester teil. Es waren Konzerte in Moskau und Sumgait vorgesehen, die nicht stattfanden. Die Reiseleiterin verständigte mich in Tiblissi, daß auch der dort vorgesehene Auftritt nicht zustande kommen würde. Ich setzte mich mit der Stadtverwaltung in Verbindung und wollte den dortigen Bürgermeister sprechen. Nach mehreren erfolglosen Gesprächen mit Mitarbeitern – man bot mir einen Empfang beim Bürgermeister an! – sagte ich schließlich, ich würde mich beim Staatspräsidenten Breschnew beschweren. Damit konnte ich deshalb drohen, weil einige Zeit zuvor der Botschafter Valentin Falin in Ludwigshafen war, um einen eventuellen Besuch Breschnews vorzubereiten, der allerdings nicht zustande kam. Mit ihm hatte ich die Reise in die Länder der Sowjetunion abgesprochen. Insofern gab es indirekt eine Beziehung zu Breschnew. Mein Hinweis verfehlte jedenfalls nicht seine Wirkung. Das Konzert fand statt. Im Hotel standen plötzlich Proberäume zur Verfügung. Mitarbeiter eines Betriebes wurden in einen Festsaal abgeordnet! Ansonsten haben wir in Sumgait stets eine herzliche Gastfreundschaft erfahren und interessante Gespräche geführt, bei denen auch unsere Skepsis gegenüber manchen Entwicklungen zum Ausdruck kam. Vom „kapitalistischen System" in der Bundesrepublik waren die Gäste aus Sumgait stets beeindruckt!

Wie problematisch Partnerschaften mit diktatorischen Staaten sind, wurde an einer Verbindung mit einer Stadt in der DDR deutlich. Die CDU hatte im Stadtrat den Antrag gestellt, eine Partnerschaft mit einer Stadt in der DDR einzugehen. Meine Bemühungen in dieser Richtung blieben erfolglos. Auf meine Bitte hin schaltete

*Herzliche Aufnahme in Sumgait – leider waren die Begegnungen
auf offizielle Teilnehmer beschränkt*

*Ein typisches Bild für den „realen Sozialismus"! Hinter der Prunk-
fassade desolater Verhältnisse in der Stadt Dessau*

sich Bundeskanzler Dr. Kohl ein. Nach einem Gespräch mit dem Staatsratsvorsitzenden Erich Honnecker rief er die RHEINPFALZ an, um sie von einer vereinbarten Partnerschaft mit Dessau zu unterrichten. Die Unterzeichnung des Vertrages erfolgte in Dessau – unter Ausschluß der Öffentlichkeit. Bei dem anschließenden Essen waren wir ebenfalls hermetisch abgeschirmt. Als ich den Speisesaal eines Erholungsheimes betrat, sah ich mir die Tischkarten an und stellte fest, daß der Erste Sekretär der SED-Kreisleitung, Dr. Ingo Kurtz, in einiger Entfernung von mir plaziert war. Da ich ihn gerne an meiner Seite gesehen hätte, stellte ich seine Karte neben meinen Platz. Als er hereinkam, war er zunächst über die Plazierung erstaunt, verzog jedoch keine Miene, schaute mich an und meinte dann: „Ihre Akte habe ich genau studiert. Sie werden dasselbe ja auch getan haben." Er bemerkte mein Schmunzeln nicht, als ich ihm erwiderte: „Aber natürlich." Ich hatte schon Erkenntnisse, daß ich vom Staatssicherheitsdienst überwacht wurde – nun hatte ich die offizielle Bestätigung. Vor der Wende beschränkten sich die Begegnungen von Dessauer Seite im wesentlichen auf offizielle Vertreter. Vielleicht war es dennoch wichtig, auch ihnen Einblicke in unsere Verhältnisse zu geben. Nach der Wende war es jedenfalls möglich, den neuen Kräften, die vorher keinen Zugang zu kommunalen Ämtern hatten und deshalb keine Erfahrung sammeln konnten, zu helfen, in ihre Aufgaben hineinzuwachsen. Trotz aller Problematik haben die Partnerschaften mit den beiden Städten kommunistischer Länder einen bescheidenen Beitrag zum Abbau von Vorurteilen geleistet.

EPISODEN

I m nächsten Kapitel meines Buches möchte ich einige Episoden aus meinem Leben erzählen, die mir bis heute lebhaft in Erinnerung geblieben sind.

HEMSHOF-FRIEDEL

Eine besondere Begebenheit während meiner Zeit als Sozialdezernent sollte aufzeigen, wie spontan es manchmal zuging. Eine Frau, die im Hemshof wohnte, verdiente ihren Lebensunterhalt dadurch, daß sie in den Straßen Lieder sang, die sie mit ihrer Gitarre begleitete. Die Verse dichtete sie meist selbst. Als „Hemshof-Friedel" war sie weit und breit bekannt.

Irgendwann muß ich sie möglicherweise nicht richtig beachtet haben, was sie mir wohl übelgenommen hat. Eines Tages sah ich sie unterhalb meiner Fensterfront im Don-Bosco-Haus (heute Stadthaus Hemshofstraße, in dem ich damals als Sozialdezernent mein Büro hatte) stehen und hörte sie ihre selbstgedichteten Lieder singen. Dabei bin ich nicht besonders gut weggekommen.

Einige Zeit später tauchte sie im Don-Bosco-Haus auf und war furchtbar traurig. Man hatte ihre Gitarre gestohlen, eine Katastrophe! Sie selbst hatte ja nicht genügend Geld, um sich wieder ein neues Instrument kaufen zu können. Ich fragte sie, wieviel Geld

Die Hemsbof-Friedel mit ihrer neuen Gitarre

sie noch benötige, holte meinen Geldbeutel aus der Tasche und gab ihr den fehlenden Betrag für den Neukauf. Seitdem sang sie nur noch Loblieder auf mich!

Als das Fernsehen kurz vor ihrem Tod in ihrer Wohnung Aufnahmen machte, entdeckten die Journalisten auf ihrem Nachttisch ein Bild von mir. Bei einer Gedenksendung vor zwei Jahren, bei der ich meine Erinnerungen an die „Hemshof-Friedel" wiedergegeben habe, erfuhr ich von ihrer Sympathie für mich.

AUTO-UNFALL

Schlimme Folgen hätte beinahe eine Veranstaltung in Kaiserslautern gehabt, bei der ich über das relative Mehrheitswahlrecht in einer Veranstaltung der Jungsozialisten referieren sollte. Der Termin lag am Abend nach der Einweihungsfeier der Inneren und Frauenklinik des städtischen Klinikums Ludwigshafen im Juli 1968. Da ich etwas spät weg kam, ermahnte mich mein Freund Horst Schork: „Werner, fahr nicht so schnell!" Er kannte wohl meine Fahrgewohnheiten. Leider bin ich seinem Ratschlag nicht gefolgt. Ich hatte es eilig, wie gesagt. In einer Kurve der A 8 vor der Abfahrt Enkenbach passierte es. Ein Lastwagen mit Anhänger wechselte plötzlich auf die linke Fahrbahn genau in dem Augenblick, als ich zum Überholen angesetzt hatte. Ich fuhr auf den linken Hinterreifen auf und schoß nach rechts auf die Leitplanke zu, die einen steilen Abhang von über vierzig Metern Tiefe absicherte. „Dies ist das Ende, du hast keine Überlebenschance" fuhr es mir durch den Kopf. Ich nahm Abschied von meiner Frau und den Kindern, die mir unendlich leid taten. Dennoch wehrte ich mich mit aller Kraft. Meine Reaktionsfähigkeit war offensichtlich nicht beeinträchtigt und es gelang mir tatsächlich, den Wagen im letzten Augenblick herumzureißen, an der linken Leitplanke entlang zu rutschen und ihn dort zum Stehen zu bringen. Ich atmete zunächst durch und empfand eine tiefe Dankbarkeit gegenüber dem Schicksal. Die kurz danach eintreffenden Polizisten bat ich dann, mich nach Kaiserslautern zu fahren. So konnte ich, wenn auch mit einiger Verspätung, meinen Vortrag doch noch halten. Die Ludwigshafener Feuerwehr brachte den Wagen nach Ludwigshafen zurück und holte mich später in Kaiserslautern wieder ab. Das Oberlandesgericht kam in dem Schadensersatzprozeß zum Ergebnis, daß den Fahrer des Lastwagens die Alleinschuld traf, da der Unfall auch geschehen wäre, wenn ich mich an die Geschwindigkeitsbegrenzung gehalten hätte. Insofern wurde auch der Sachschaden noch ersetzt. Entscheidend war jedoch, daß mir nichts passierte. Glück muß der Mensch haben!

MORDANDROHUNG

1969 wurde das Gebäude der Industrie- und Handelskammer Ludwigshafen durch eine dort explodierende, von der „Revolutionären Zelle" deponierte Bombe beschädigt. Der Lokalredakteur der RHEINPFALZ, Ulrich Zink, der meine Arbeit viele Jahre hindurch positiv kritisch begleitet hat, fragte mich nach meiner Meinung. „Die gehören alle hinter Schloß und Riegel", erklärte ich unmißverständlich. So wurde ich auch im Untertitel des Artikels zitiert, in dem über den Vorfall berichtet wurde. An dem gleichen Abend läutete gegen 22.30 Uhr bei mir das Telefon. Der Anrufer drohte: „Dich bringen wir auch noch um." Er hatte offensichtlich von einer Telefonzelle aus angerufen und den Hörer nicht wieder aufgelegt. Dadurch war mein Telefon blockiert. Es war mir nicht möglich, die Polizei von zu Hause aus zu verständigen. Ich mußte zu einer etwa zweihundert Meter weit entfernten Telefonzelle laufen, um den Vorfall zu melden. Ein Streifenwagen traf zwar schnell ein. Wäre jedoch die Drohung ernst gemeint gewesen, hätten die Terroristen mit Leichtigkeit ihre Gewalttat ausführen können. Trotzdem habe ich auch nach diesem Vorfall keinen Personenschutz angefordert. Allerdings ließ ich mir ein zweites Telefon mit Dienstanschluß installieren und meine Privatnummer aus dem Telefonbuch herausnehmen. So war ich künftig nur über die Stadtzentrale erreichbar. Damit war auch nachts die von der Feuerwehr bediente Zentrale als Filter eingeschaltet. Irgendwelche weiteren Vorkommnisse haben sich nach diesem Anruf nicht ergeben.

Mehrere Bombendrohungen im Rathaus haben sich jeweils als übler Scherz erwiesen.

ÜBERFALL

Anfang der siebziger Jahre, kurz vor Weihnachten, saß ich mit meinen engsten Mitarbeitern bei einer kleinen Weihnachtsfeier zusammen. Da läutete das Telefon. Meine Frau teilte mir mit, daß unser Haus von einem maskierten Mann überfallen worden sei. Sie sei gerade vom Einkaufen zurückgekommen und rufe von unseren Nachbarn aus an. Die Tochter (zwölf Jahre) und ein (gleichaltriges) Nachbarkind seien in der Gewalt des Verbrechers. Ich meldete den Vorfall sofort der Polizei und bat darum, nach Möglichkeit Zivilbeamte einzusetzen und ohne Martinshorn und Blaulicht an den Ort des Geschehens zu kommen. Ich befürchtete, der Verbrecher könne in Panik geraten. Die Polizisten sollten auch meine Ankunft abwarten, damit ich aufzeigen könnte, über welchen unserer vier Eingänge die Kinder mit der geringsten Gefahr für ihr Leben befreit werden könnten. Ich selbst fuhr sofort vom Büro aus los und war in wenigen Minuten zu Hause. Doch die Polizei war schon eingetroffen, natürlich mit Blaulicht und Martinshorn. Der Täter war bereits von einem uniformierten Polizisten gefaßt.

Was hatte sich abgespielt:

In einer Kneipe, etwa dreihundert Meter von unserem Haus entfernt, bat ein wohl schon etwas alkoholisierter Gast um ein Glas Schnaps. Allerdings hatte er kein Geld, um den Schnaps zu bezahlen. Der Wirt meinte sich einen Scherz leisten zu können und forderte ihn auf: „Wenn Du mir den Oberbürgermeister bringst, dann erhältst Du auch etwas zu trinken!" Er holte aus dem Keller ein altes Maschinengewehr mit abgesägtem Lauf und drückte es ihm in die Hand. Dann zog er ihm eine Strumpfmaske über und schickte ihn los. Unterwegs preßte der maskierte Mann einer Frau das Gewehr in den Rücken und zwang sie, ihm den Weg zu meinem Haus zu zeigen. Er ging durch die offene Tür hinein und stand vor unserer jüngsten Tochter. Er fragte nach mir und als sie ihm erklärte, ich sei im Rathaus, befahl er ihr: „Rufe Deinen Vater an und sage ihm, er solle sofort nach Hause kommen." Sie ging ans Telefon und wählte – schlau wie sie war – einfach Phantasienummern, um mich zu schützen. Da immer ein Besetztzeichen ertönte, machte sie dem Mann deutlich, daß sie mich nicht erreichen könne. Um ihn zu beruhigen, fragte sie ihn, ober er vielleicht ein Glas Schnaps haben möchte. Dieses Angebot nahm er natürlich gerne an. Damit er besser trinken konnte, schob sie die Strumpfmaske ein wenig hoch. „Sie haben in Ihrem Leben bestimmt schwer arbeiten müssen", stellte sie dann mit Blick auf seine schwieligen Hände fest. So versuchte sie, die Situation ein wenig zu entkrampfen. Inzwischen waren mein Sohn und ein weiteres Nachbarskind ins Haus gekommen. Damit waren auch sie zu Geiseln geworden. Der Polizist ging über die immer noch offen stehende Eingangstür ins Haus und zog sofort seine Pistole. Der Eindringling ließ daraufhin sein Maschinengewehr fallen, so daß es Gott sei Dank nicht zu einem Waffeneinsatz kam, der mit Sicherheit für den Maskierten tödliche Folgen gehabt hätte. Die Presse berichtete auf meine Bitte hin – wegen eines möglichen Nachahmungseffekts – nicht über diesen Vorfall, so daß er weitgehend unbekannt blieb.

Strafanzeige erstattete ich lediglich gegen den Gastwirt, nicht gegen den letztlich für einen so üblen Scherz (wenn man das so bezeichnen kann) mißbrauchten Täter.

Am nächsten Tag waren wir in Urlaub gefahren. Die älteste Tochter (damals siebzehn Jahre alt) wollte zwei Tage später nachkommen. Spätabends klopfte es an die Tür. Ein Mann begehrte Einlaß.

Die letzte Straßenbahn fährt über das Viadukt –
der Oberbürgermeister marschiert vorweg

Auf die Frage, wer er denn sei, sagte er: „Ich bin derjenige, der Euch gestern überfallen hat und will mich entschuldigen." Er jagte unserer Tochter einen ziemlichen Schrecken ein, wie man sich leicht denken kann.

Ich bin unserem „Überfallkandidaten" noch zweimal begegnet. Bei der letzten Fahrt der Straßenbahn über das Viadukt, das anschließend abgerissen wurde, lief ich als Straßenbahnschaffner „verkleidet" vor der Straßenbahn her. An der Endstation „Pfalzbau" sprach mich ein Mann an. Er fragte mich: „Kennen Sie mich nicht mehr? Ich bin doch der, der Sie überfallen hat." Es war mein „Maskierter".

Zwei/drei Jahre später lief ein völlig verwirrter Mann durch unsere Straße. Als ich ihn ansprach, um ihm zu helfen, konnte er mir nicht sagen, wer er war und wo er wohnte. Ein freundlicher Passant erklärte mir, daß er den Mann kenne und bot sich an, mich in meinem Wagen zu begleiten, damit wir ihn nach Hause bringen könnten. Als wir ausstiegen, kam wieder einmal die Frage: „Kennen Sie mich nicht mehr? Ich bin doch der Mann, der Sie überfallen hat!"

Er war anscheinend außerordentlich anhänglich und wohl auch dankbar. Man sieht: Geschichten, die schlecht anfangen, können durchaus gut enden.

DAS „GESTOHLENE" VIADUKTSTÜCK

An einem Fastnachts-Samstag versteigerte Berthold Messemer für die „Aktion 72" Stücke des abgetragenen Viadukts, um den Erlös sozialen Zwecken zuzuführen. Dr. Kohl und ich trafen zufällig zum gleichen Zeitpunkt an dem Versteigerungsort ein. Wir hatten wohl beide an dem selben Stück Gefallen gefunden. Wenn ich mich recht erinnere, verzichtete Helmut Kohl damals großmütig zu meinen Gunsten und wählte ein anderes Stück aus. Ich wollte in der Fußgängerzone noch einige andere Stände aufsuchen und ließ deshalb das ersteigerte Teil stehen, um es später abzuholen. Als ich zurückkam, war es spurlos verschwunden. Die Zeitungen berichteten empört über diesen dreisten „Diebstahl".

Am Fastnachts-Dienstag erschien ein junges Mädchen mit einem Paket unter dem Arm in der Redaktion der RHEINPFALZ, gab das Päckchen ab und verschwand sofort wieder. Eine Mitarbeiterin öffnete das abgegebene Stück – und was entdeckte sie? Das „gestohlene" Viadukt-Stück. Allerdings war das ursprünglich schwarze Gußelement mittlerweile leuchtend rot angestrichen. In dem beiliegenden Brief wurde darauf hingewiesen, daß es sich keinesfalls um einen Diebstahl handelte, sondern lediglich um die richtige Einfärbung des mitgenommenen Gegenstandes für den Oberbürgermeister. Ich habe nie herausbekommen, wer auf diesen originellen Einfall gekommen war. Seitdem steht ein Teilstück des Viadukts in der für mich angemessenen Farbe in meinem Arbeitszimmer und erinnert mich stets an diese lustige Geschichte.

BANDAGIERTES BEIN

Im Rathaus-Center wurde bei einer Sicherheitswoche vorgeführt, wie wichtig und notwendig es ist, sich im Auto anzuschnallen. Man mußte sich in einen kleinen Wagen setzen, der mit geringer Geschwindigkeit gegen ein Hindernis prallte. Natürlich unterzog auch ich mich diesem Test. Am nächsten Tag konnte ich in der Zeitung bei der Bildunterschrift lesen: Trotz bandagierten Beines hat sich der Oberbürgermeister dem Test unterzogen.

Tatsächlich hatte ich aus Versehen nur zwei verschiedene Socken angezogen, noch dazu einen hellen und einen dunklen. Daher das bandagierte Bein!

DIE TOTE KATZE

An einem Sonntagvormittag rief mich eine ältere Dame an. „Herr Oberbürgermeister, sorgen Sie doch bitte dafür, daß die tote Katze, die ich von meiner Wohnung aus im Fuhrpark liegen sehe, endlich weggeräumt wird! Sie liegt dort schon fast vierzehn Tage herum, ohne daß sich jemand darum kümmert." Auf meine Frage, ob sie eigentlich schon beim Fuhrpark angerufen habe, erwiderte sie: „Also wissen Sie, ich habe gedacht, ich gehe nicht erst zum Schmidtchen, ich gehe gleich zum Schmidt."

VERSÄUMTE TERMINE

Anfang der achtziger Jahre sollte ich in Ruchheim an einem Samstagabend bei einer Feier des SPD-Ortsvereins eine Rede halten. Offensichtlich war dieser Termin nur mündlich abgesprochen und nicht in meinem Terminkalender eingetragen worden. Es gab auch keine Unterlagen im Büro. Als ich nicht erschien, riefen die Genossen bei meiner Sekretärin an. Sie wußte, daß ich mit Freunden eine Wochenendwanderung in Annweiler vereinbart hatte. Ich war gerade beim Abendessen, als mich der Anruf meiner Parteifreunde erreichte. Selbst wenn ich sofort losgefahren wäre, hätten die Teilnehmer der Veranstaltung noch fast eine Stunde auf mich warten müssen. Wir einigten uns dann darauf, daß ein anderer Funktionär für mich einspringen sollte. So war der Abend für beide Parteien gerettet!

Einen ähnlichen Vorfall gab es bei der Eröffnung des PARKFESTES. Dort sind zwar keine großen Reden zu halten, das Faß muß jedoch angestochen werden. Ich war rechtzeitig von einer Wanderung zurückgekehrt, wollte mich aber noch etwas ausruhen, um für den Abend fit zu sein. Ich legte mich also hin und vergaß offensichtlich, den Wecker zu stellen. Ich schlief so tief und fest, daß ich noch nicht einmal einen Telefonanruf registrierte. Nach einer halben Stunde über der Zeit – eine Viertelstunde wäre noch im Rahmen meiner Verspätungen geduldet worden! – sprang der anwesende Bürgermeister Dr. Knut Weber für mich ein und rettete die Situation.

HEIMFAHRT MIT DEM „KANZLER"-WAGEN

Nach einem Skat-Abend in einer Gastwirtschaft bat ich den Gastwirt, mir ein Taxi zu rufen. Er meinte, das sei nicht notwendig. Ein Mann aus meiner Nachbarschaft würde jetzt sowieso mit seinem Wagen nach Hause fahren und könne mich mitnehmen. Dieses Angebot habe ich dankbar angenommen. Ich staunte jedoch nicht schlecht, als ich den Wagen vor der Gastwirtschaft stehen sah. Es handelte sich um eine vornehme Mercedes-Limousine. Ich überlegte gerade, wer sich in meiner Nachbarschaft einen solchen Wagen leisten könnte, als der „Besitzer" erschien. Ich brachte meine Bewunderung für das schöne Auto zum Ausdruck. „Sie kennen mich nicht?" fragte mich der Fahrer. Daraufhin stellte er sich mir vor. Er war der Fahrer des Bundeskanzlers, der in der „Bierakademie" wohl für seinen Chef einige Kasten Bier besonderer Marke abgeholt und in seinen Wagen eingeladen hatte. So hatte ich zum zweiten Mal das Vergnügen, im Kanzler-Wagen zu fahren!

Das erste Mal hatte mich Dr. Kohl am Flughafen Köln-Wahn abholen lassen, als ich ihn von München aus während meines Winterurlaubs wegen einer Hilfe für ALCAN im Kanzleramt aufsuchte.

BLOCKIERTER FAHRSTUHL IM RATHAUS

Ich hatte das „Vergnügen", mehrmals in einem blockierten Fahrstuhl im Rathaus eingeschlossen zu sein. Einmal war es tatsächlich ganz lustig. Wir waren mehrere Personen. Der Fahrstuhl hielt zwar auf einem Stockwerk, aber die Tür konnte nur einen Spaltbreit geöffnet werden. Die auf den Aufzug wartenden Personen konnten mich durch diese kleine Öffnung erkennen. Eine Mitarbeiterin warf mir ein Bonbon zu und rief: „Damit Sie nicht verhungern müssen, Herr Oberbürgermeister." Erst viel später erfuhr ich, daß sie glaubte, ich hätte sie erkannt und könnte ihr die Bemerkung übelnehmen. Dabei hatte ich herzlich gelacht und mich über diese lustige Geste gefreut.

Nach Umstellung der Alarmanlage auf eine Zentrale in Stuttgart, die dann die Monteure vor Ort verständigen sollte, war ich ungewollt die erste Testperson. Als ich abends spät als letzter mein Büro verließ, blieb ich wieder einmal im Aufzug stecken. Ich drückte den Alarmknopf und hörte nach einer gewissen Zeit eine kaum verständliche Stimme. Ich erklärte, daß ich der Oberbürgermeister von Ludwigshafen sei und im Aufzug stecken würde. Belustigt meinte daraufhin die Stimme: „Wenn Sie der Oberbürgermeister sind, bin ich der Kaiser von China." Es dauerte über zehn Minuten, bis meine Situation tatsächlich erkannt und ernstgenommen wurde. Erst nach längerer Zeit konnte ich aus dem Fahrstuhl befreit werden.

In eine prekäre Situation waren auch die Kollegen Dr. Knut Weber und Karl-Horst Tischbein nach einer Verwaltungskonferenz geraten. Ich war vom fünfzehnten Obergeschoß „unversehrt" im Untergeschoß gelandet und wartete im Hof, weil Knut Weber und ich mit Freunden zum Skat-Spiel verabredet waren. Als er nach einer Viertelstunde immer noch nicht eingetroffen war, schöpfte ich Verdacht und stellte fest, daß beide Kollegen tatsächlich im Fahrstuhl eingeklemmt waren. Die Alarmanlage funktionierte nicht. Ich holte den damaligen Hausmeister Georg Bub. Er war immer hilfsbereit, hatte viel Geschick im Umgang mit Menschen und arbeitete später mehrere Jahre am Bürgerservice zu aller Zufriedenheit. Es war nicht leicht herauszufinden, in welchem Stockwerk der Aufzug stecken geblieben war. Wir versuchten uns durch Zurufe zu verständigen. Doch das Echo im Schacht erschwerte eine sichere Ortung. Schließlich konnten wir uns an die Eingeschlossenen herantasten. Der Hausmeister bediente dann ein Rad, mit dem der Aufzug manuell bewegt werden konnte. Erst nach einer halben Stunde gelang es uns, die Kollegen zu befreien. Zum Glück hatten wir das Skat-Spiel vereinbart, sonst wären sie möglicherweise die ganze Nacht im Aufzug eingeschlossen geblieben.

DER MANN MIT DEM LANGEN MESSER

Bevor ich mich schlafen lege, mache ich regelmäßig noch einmal eine kurze „Wuschel-Runde". Wuschel ist unser Hund. Eines Abends kam aus dem hinter unserem Haus liegenden kleinen Park eine etwas eigentümliche Gestalt auf mich zu. Der Mann war offensichtlich in angetrunkenem Zustand. Trotzdem erkannte er mich und sprach mich an. Er erzählte mir, daß er angefangen habe zu trinken und deshalb auch seinen Arbeitsplatz und seine frühere Wohnung verloren habe. „Leute wie ich", meinte er, „leben gefährlich. Sie werden öfters angegriffen, vor allem von Jugendlichen. Aber ich weiß mich zu verteidigen." Blitzschnell zog er ein längeres Messer aus seinem Ärmel, um mir seine Wehrhaftigkeit zu demonstrieren. Er steckte dann die Klinge schnell wieder in seinen Ärmel zurück. Hätte er es auf mich abgesehen gehabt, ich wäre ohne Chance gewesen. Ich bot ihm meine Hilfe an, um ihm die Möglichkeit zu verschaffen, wieder in die Gesellschaft integriert zu werden. Er wolle sich die Sache überlegen, versprach er, und werde auf mich zukommen. Ich fragte ihn nach seinem Namen, damit ich wüßte, mit wem ich spreche, wenn er mich anrufen würde. „Das ist nicht notwendig", meinte er, „ich sage einfach, hier ist der Mann mit dem langen Messer."

Danach habe ich ihn mehrmals getroffen. Er stellte sich dann immer vor: „Ich bin der Mann mit dem langen Messer." Den Namen habe ich nie erfahren. Bei unserer letzten Begegnung erzählte er mir, daß er sich jetzt endgültig gefangen hätte und ein normales Leben führen würde. Er hat es erfreulicherweise aus eigener Kraft geschafft.

DEMONSTRATION

Bei einigen wenigen Anlässen kam es vor dem Ratssaal zu Demonstrationen. In der Regel gelang es dem Hausmeister Georg Bub die Demonstranten davon abzuhalten, den Saal zu betreten. Bei einer Stadtratssitzung am 29. Februar 1988 schaffte es eine Gruppe, unbemerkt in den Ratssaal einzudringen. Mehrere Frauen entledigten sich während der Sitzung ihrer Kleider und präsentierten sich in Badebekleidung. Sie entrollten ein Transparent gegen die Bebauung der ROSSLACHE. Ich bat die Protestierer, das Spruchband einzurollen. Da sie zunächst dazu nicht bereit waren, unterbrach ich die Sitzung. Ich redete ihnen gut zu mit dem Ergebnis, daß sie freiwillig den Saal verließen. Sie hatten ihren Auftritt. Mir blieb es erspart, die Polizei anzurufen, um sie zwangsweise aus dem Saal zu entfernen. Dies war sicherlich für beide Teile die bessere Lösung.

Eine ähnliche Situation ergab sich bei einer konstituierenden Sitzung des Bezirkstages 1984 auf dem Hambacher Schloß. Ich war vorgewarnt und hatte deshalb um diskrete Polizeipräsenz gebeten, die mir auch zugesagt worden war. Warum dann doch kein einziger Polizist anwesend war, habe ich nicht klären können. Jedenfalls war ich auf mich allein gestellt. Ich drohte den Demonstranten damit, die Empore räumen zu lassen, wenn die Spruchbänder nicht sofort eingerollt würden. Offensichtlich waren die Protestierer so beeindruckt, daß sie meiner Aufforderung nachkamen. Die Bezirkstagssitzung konnte dann reibungslos abgewickelt werden.

ABSCHIED

Viele Bürgerinnen und Bürger sprachen mich vor und nach meiner Verabschiedung an, warum ich nicht noch länger Oberbürgermeister geblieben bin. Es gibt mehrere Gründe, warum ich schon 1993 in den Ruhestand ging. Ein Jahr später hätte ich mit 68 Jahren von Gesetzes wegen aufhören müssen. Durch mein vorzeitiges Ausscheiden konnte mein Nachfolger vom Stadtrat, in dem die SPD über eine absolute Mehrheit verfügte, gewählt werden. Wäre ich nur drei Monate länger im Amt geblieben, hätte er sich einer Direktwahl stellen müssen. Wenn sie verloren gegangen wäre, hätte ich mir selbst Vorwürfe gemacht und hätte mir auch die Kritik meiner Parteifreunde zugezogen. Außerdem ließen meine Kräfte nach. Die große Beanspruchung hatte ihre Spuren hinterlassen. Dies war mit ein Grund, warum ich schon früher erklärt hatte, am 30. Juni 1993 aufhören zu wollen. Insofern stand ich im Wort. Am Ende einer beruflichen Laufbahn – wenn schon der Nachfolger nominiert ist – wird es schwieriger, sich zu behaupten. Die Verschlechterung der Finanzsituation der Stadt zeichnete sich schon 1992 ab. Zwar lagen einige Gutachten unabhängiger Prüfungsgesellschaften mit Rationalisierungsvorschlägen vor. Unter der Federführung des Hauptamtes wurden außerdem weitere Einsparungsmöglichkeiten aufgezeigt. In einem Jahr wäre es jedoch nicht möglich gewesen, die Vorschläge umzusetzen. Dafür bedurfte es – wie ich aus eigener Erfahrung wußte – eines längeren Zeitraums. Aus heutiger Sicht halte ich nach wie vor die Entscheidung, vorzeitig auszuscheiden, für richtig.

Natürlich gab es noch begonnene Maßnahmen, die ich gerne abgeschlossen hätte. Dazu zählen die Umwandlung des Klinikums

Bei der Verabschiedung (von links nach rechts):
Manfred Rommel, Günther Janson, Ehepaar Ludwig,
Alt-Bundeskanzler Helmut Schmitdt und Herbert Müller.
Hinter ihnen: Joachim Stöckle und Willi Rothley

in eine GmbH, die Vertragsunterzeichnung mit der Bundesbahn für den Bau einer neuen Haltestelle am Berliner Platz und die Umsetzung der Pläne für das Rheinufer Süd. In alle drei Projekte hatte ich viel Kraft investiert. Die Umwandlung des Klinikums in eine GmbH konnte relativ schnell nach meiner Pensionierung erfolgen. Der Vertrag mit der Bundesbahn kam erst dreieinhalb Jahre später zustande. Neue Investoren für das Rheinufer Süd konnten – nachdem die ersten Interessenten sich zurückgezogen hatten – 1996 gefunden werden. Da für die Gesamtmaßnahme von einer Bauzeit von weiteren sieben Jahren ausgegangen wird, muß – ähnlich wie bei der Bahnhofsverlegung – von einer Realisierungszeit von eineinhalb Jahrzehnten bis zur Neugestaltung gerechnet werden. Dies ist ein durchaus realistisches Zeitmaß, wenn es um grundlegende städtebauliche Entwicklungen und Veränderungen geht. Diese Erkenntnis, die ich schon sehr früh gewonnen hatte, war mit ein Grund, meine Funktion als Oberbürgermeister als Lebensaufgabe anzusehen. Selbst innerhalb von dreißig Jahre kann man nicht alle gesteckten Ziele erreichen. So konnte ich manches Vorhaben, das mein Vorgänger angepackt hatte, umsetzen. So wird auch mein Nachfolger Begonnenes vollenden müssen. Städtebauliche Veränderungen erfordern viel Geduld und Ausdauer, Festigkeit und Flexibilität zugleich und vor allem enge Kontakte mit den Mitbürgern.

Bei meiner Verabschiedung wurde ich gefragt, ob es mir nicht schwerfallen würde, mein Amt aufzugeben. Es ist hoffentlich deutlich geworden, wie viel Freude mir die Arbeit gemacht hat. Dennoch gilt für das Berufsleben wie in allen Lebenssituationen die Tatsache, daß es einen Anfang und ein Ende gibt. Das ist auch gut so. Auf den Ruhestand hatte ich mich gefreut. Viele Ehrenämter haben mich noch über drei Jahre hindurch in Anspruch genommen. Mittlerweile habe ich den größten Teil der Funktionen abgegeben. Als Vorsitzender des Vereins Naturpark Pfälzerwald bleibt noch eine wichtige Aufgabe: Die Zusammenarbeit mit dem Naturpark Nordvogesen so intensiv zu gestalten, daß es auf längere Sicht zu einem Zusammenschluß der beiden Biosphärenreservate kommen kann. Die zeitliche Inanspruchnahme wird

Zum 70. Geburtstag gratulieren (von links nach rechts):
Ministerpräsident Kurt Beck, Oberbürgermeister Dr. Wolfgang
Schulte, stellvertretende Bezirkstagsvorsitzende Dörthe Muth,
Bezirkstagsvorsitzender der SPD Pfalz Dr. Winfried Hirschberger,
Robert Hofmann und Wirtschaftsminister Rainer Brüderle

sich in Grenzen halten. Damit wird das möglich werden, was ich mir mit dem Ruhestand gewünscht hatte: mehr Zeit für die Familie und mich selbst.

Wenn ich in meinem Leben viel leisten und erreichen konnte – so empfinde ich es jedenfalls –, so habe ich dafür vielen Menschen zu danken: Meinen Eltern, die unter großen Opfern meine Ausbildung ermöglicht haben, meiner Frau und den Kindern, die mir Geborgenheit gegeben und gleichzeitig den notwendigen Freiraum gewährt haben, meinen Freunden, die mir in allen Lebenslagen beigestanden haben, meinen Mitarbeiterinnen und Mitarbeitern, ohne die ich so viel nicht hätte schaffen können und schließlich den Mitbürgerinnen und Mitbürgern, die mich unterstützt und mitgeholfen haben, daß Ludwigshafen unsere gemeinsame Heimat werden konnte.

Lucia und Werner Ludwig haben allen Grund fröhlich zu sein.
Sie freuen sich, künftig mehr Zeit füreinander zu haben

ZEITTAFEL

1926	27. August. Geburt in Pirmasens
1933	27. August. Flucht über das Saarland nach Sarreguemines (Frankreich)
1939	Umzug nach Metz
1940	Flucht vor der einmarschierenden deutschen Wehrmacht nach Nieuil (Charente)
	Collège in Donfolens
1941	Umzug nach Termes d'Armagnac
1942–1944	Lycée in Tarbes und Agen
1944–1945	Jura-Studium in Toulouse
1945–1947	Jurastudium in Paris mit Abschluß
	Licence en Droit
1946	27. August. Eintritt in die SPD
1947	27. August. Mitglied in der Gewerkschaft ÖTV
1947–1950	Jura-Studium in Mainz an der Johannes-Gutenberg-Universität
1950	1. Juristische Staatsprüfung
1950–1954	Referendarzeit
1952	19. Juli. Heirat mit Lucia Denig
1954	2. Juristische Staatsprüfung
1954	Juni–Aug. DGB Düsseldorf
1954	10. August. Geburt der Tochter Simone
1954–1956	Landesversicherungsanstalt Rheinland-Pfalz in Speyer
1955	Promoviert zum Dr. jur.
1956–1958	Leiter des Ausgleichsamtes und Justitiar des Sozialdezernats der Stadt Ludwigshafen

1957	13. März. Geburt des Sohnes Stefan
1958–1965	Beigeordneter der Stadt Ludwigshafen als Sozial- und Wohnungsdezernent
1959	17. April. Geburt der Tochter Ruth
1962	Tod des Vaters
1962–1980	Vorsitzender der SPD – Bezirk Pfalz –
1963–1965	Mitglied des Landtages Rheinland-Pfalz Vorsitzender des Sozialpolitischen Ausschusses
1964–heute	Mitglied des Bezirkstages Pfalz und zwar von
1964–1974	als Bezirkstagsvorsitzender
1974–1979	als Vorsitzender der SPD-Bezirkstagsfraktion
1979–1996	erneut als Bezirkstagsvorsitzender
1965–1993	Oberbürgermeister der Stadt Ludwigshafen Mit diesen Funktionen verbunden: Vorsitzender des Verwaltungsrates Stadtsparkasse Vorsitzender des GAG-Aufsichtsrates (städtische Wohnungsbaugesellschaft) Mitglied im Aufsichtsrat der Hafenbetriebe GmbH Vorsitzender des Aufsichtsrates der Technischen Werke Ludwigshafen AG nach deren Umwandlung 1974
1965–1997	Vorsitzender des Aufsichtsrates der Pfalzwerke AG
1965–1989	Mitglied des Vorstandes des Städtetages Rheinland-Pfalz – von
1969–1971	Vorsitzender
1967–heute	Stellv. Vorsitzender des Aufsichtsrates Großkraftwerk Mannheim AG
1968–1991	Mitglied des Hauptausschusses des Deutschen Städtetages – ab 1980 Mitglied des Präsidiums
1971	Goldene Zeile des Pfälzischen Journalistenverbandes

1972	Tod der Mutter
1981–1989	Vorsitzender der Nahverkehrsgemeinschaft Rhein-Neckar
1984–heute	Vorsitzender des Vereins Naturpark Pfälzerwald
1984	Hans-Böckler-Medaille des DGB
1985–1996	Vorsitzender des Stiftungsrates Historisches Museum der Pfalz
1986	Ehrenbürgerschaft der Stadt Havering (Großbritannien)
1986	Pfälzer Löwe des Bezirksverbandes Pfalz
1990	Erinnerungsmedaille in Silber des Bundestages
1990	Großes Bundesverdienstkreuz
1992	Europa-Union-Nadel in Gold
1992	Hofenfels-Medaille des Bundes der Pfalzfreunde in Bayern
1993	Ehrenmeisterbrief des Pfälzischen Handwerks
1993	Goldene Ehrenmünze der Industrie- und Handelskammer für die Pfalz
1993	Ehrenbürgerschaft der Stadt Ludwigshafen
1994	Kurpfalz-Ehrenring des Vereins Kurpfalz
1995	Officier dans l'Ordre national du mérite

Pirmasens
Metz
Ligny-en-Barrois Sarreguemines
Paris
Nancy
Autigny la NeufChateau
Tour
Lorient

Angouleme
Nieul Confolens **Limoges**

Perigeux
Bourrou
Agen
Auch Toulouse
Termes
d'Armagnac
Tarbes

INHALTSVERZEICHNIS